QUELQUES SEMAINES

EN ITALIE,

PAR L'AUTEUR D'ANTOINE

OU LE RETOUR AU VILLAGE.

Tome second.

PARIS,

A LA SOCIÉTÉ DES BONS LIVRES,

RUE DES SAINTS-PÈRES, N° 69 :

ET CHEZ BRICON, LIBRAIRE,

RUE DU VIEUX-COLOMBIER, N° 3.

—

1834.

QUELQUES SEMAINES

EN

ITALIE.

II.

Imprimerie de Vᵉ THUAU,
place Sorbonne, n° 2.

QUELQUES SEMAINES

EN

ITALIE,

PAR L'AUTEUR

D'ANTOINE OU LE RETOUR AU VILLAGE.

TOME SECOND.

Paris,

A LA SOCIETE DES BONS LIVRES,

RUE DES SAINTS-PÈRES N° 69.

ET CHEZ BRICON, LIBRAIRE,

RUE DU VIEUX COLOMBIER, N° 5.

—

1834.

LES MOINES.

Il n'était pas encore jour quand nous partîmes de Terni ; les nuages très épais et fort bas rendaient l'obscurité profonde, nous marchâmes avec peine sur une route, heureusement pour nous assez belle. L'aurore ne nous apporta point un beau spectacle : les montagnes étaient à demi voilées par un brouillard

grisâtre, et des vapeurs s'élevaient de toutes
les gorges, chassées par un vent violent; bientôt elles se convertirent en une pluie qui, en
peu de momens, nous eût trempés jusqu'aux
os. Pas une maison pour s'abriter, pas un être
vivant à qui demander quelques renseignemens. La route semble avoir été tracée pour
des peuples à venir, tant elle est peu fréquen-
tée par ceux d'à présent. De loin en loin nous
découvrions quelques villages ou châteaux sur
les collines voisines ; mais comment traverser
les ravins qui nous en séparaient? Nous continuâmes donc à marcher à grands pas, espérant trouver quelque toit hospitalier. Il était
neuf ou dix heures quand, dans une vallée
étroite où s'enfonçait la route, nous décou-
vrîmes une maison assez grande. Courage,
voici le gîte que nous a préparé la Providence! Nous arrivons : c'était un moulin à
huile, où deux ou trois paysans broyaient des
olives. Pas de feu et pas de moyen d'en faire;
rester là avec des habits mouillés, c'était le
moyen de mourir de froid, il était mieux d'en-
tretenir par une marche forcée un peu de
chaleur naturelle.

— Où allez-vous, jeunes gens?

— A Farfa, mon ami.

— A Farfa? ce ne sera pas aujourd'hui.

— Pourquoi pas? la distance, si on ne nous a pas trompés, n'est pas si considérable.

— Pour vos bonnes jambes, au fond, ce n'est pas une journée trop forte; le mal est que vous ne pourrez pas passer le torrent, la pluie a dû joliment le grossir.

— N'y a-t-il pas de pont?

— Ah! oui, de pont, on irait faire un pont sur un ruisseau que, presque toujours, on enjambe sans peine. Non, non, quand les eaux sont hautes, on attend avec patience qu'elles soient baissées.

— Mais cela ne nous arrange pas.

— Que voulez-vous que j'y fasse?

Le bonhomme avait raison, et il n'y pouvait rien faire; mais nous ne pouvions pas, nous, rester dans son moulin; retourner sur nos pas, n'était nullement de notre goût.

— En avant! crie Armand.

— En avant!

— Mais quand je vous dis que vous ne passerez pas!

— Bah! les Français passent partout!

— Oh! *furia, furia francese!* (1)

_____

(1) Cette exclamation qui à la lettre signifie *furie ou*

Une demi-heure après nous étions au bord du torrent : il roulait avec un bruit menaçant ses eaux jaunâtres mêlées de pierres, de branches d'arbres, de débris de terrains ; sa largeur était fort respectable ; au ressaut de ses vagues, on pouvait juger qu'il avait trois à trois pieds et demi de profondeur.

— Eh, eh! Armand, les Français passent partout!

— Mon cher Emile, vous m'avez dit une fois : *Le vin est tiré, il faut le boire....*

— Je savais alors où je vous conduisais : mais comment diantre traverser ici ? Le courant est rapide, le fond, sans doute, glissant, inégal et obstrué de pierres roulantes, et avec de l'eau jusqu'à la ceinture.....

FÉLIX.

Nous jeter là dedans... y pensez-vous ? encore, si on pouvait nager.

plutôt fougue française, est usitée en Italie pour peindre l'ardeur si naturelle à notre nation qui rarement se laisse effrayer par les obstacles. Elle est comme passée en proverbe.

ÉMILE.

Que voulez-vous faire? aux grands maux les grands remèdes.

ARMAND.

Bravo! Emile, bravo!

Et nous voilà retroussant nos blouses, ôtant de nos goussets, montres, pistolets, couteaux, et nous prenant tous trois sous le bras, pour mieux résister au courant, nous entrons hardiment dans le torrent, sondant le lit avec nos bâtons. On glisse à droite, l'autre fait un faux pas à gauche. Hu! hu! courage, allons!.. Nous voilà à l'autre rive.

ARMAND.

Messieurs, les Français passent partout!

ÉMILE.

Oui, ils sont jolis garçons les Français! voyez comme la fange s'est collée sur nos pantalons, nous avons l'air de cureurs de puits!

FÉLIX.

La pluie nous lavera et nous nous sécherons..... quand nous pourrons. Oh, çà! messieurs, il s'agit de marcher bon pas, afin de ne pas nous laisser engourdir par cette eau froide. Un baiser à la gourde de rhum, et en avant !

Nous grimpâmes, en effet, au pas de charge, la côte rapide où s'élevait en serpentant la route solitaire : la pluie cessa enfin, et nous étions à peu près secs quand nous entrâmes dans une misérable taverne, où nous trouvâmes des sardines salées et du pain noir. Le déjeûner fut bientôt achevé, nous prîmes un air de feu, et nous partîmes pour Cantalupo. distant d'environ dix milles, et où nous devions, nous dit un muletier, trouver une excellente auberge.

Cantalupo est, il faut que vous le sachiez, un vilain trou, si jamais il en fut. Le château. autrefois magnifique, est abandonné à un concierge, qui s'inquiète fort peu de faire remettre les vitres quand la grêle les brise, en sorte que les salles, aux belles peintures, ser-

vent de nid aux hirondelles, aux chouettes,
aux pigeons..... à quiconque, en un mot, peut
passer par un carreau cassé. L'excellente auberge est un cabaret enfumé, où nous trouvâmes un capitaine de carabiniers avec sa famille. Ils faisaient un assez bon dîner.

— Dieu soit loué! au moins nous pourrons
manger un morceau. Oh! l'hôte, que nous
donnez-vous?

— J'ai de la merluche délicieuse et des
œufs.

— Et en fait de viande?

— De la viande aujourd'hui! Il y a huit
jours qu'on n'a rien tué à Cantalupo!

— Mais nous voyons là sur la table.....

— Ah! reprit un muletier qui finissait un
flacon de vin, si vous aviez pris, comme ce
monsieur, la précaution d'apporter dans votre voiture quelque provision..... Mais où est-
elle, votre voiture? dit-il en regardant malicieusement nos souliers couverts de boue;
vous l'avez laissée hors de la ville? Un grand
soufflet fut la réponse d'Armand; le coquin
sauta sur un coutelas, mais voyant nos bâtons
ferrés s'élever sur sa tête, il s'enfuit en blas-
phémant.

— Vous avez bien fait, dit le capitaine; ces

drôles-là sont insolens commes des diables ;
mais tenez-vous sur vos gardes, ils sont lâches
et traîtres. S'il peut vous faire un mauvais tour,
il vous le fera.

— Grand merci, monsieur, mais nous
sommes armés et nous n'avons peur de personne.

S'il est bon d'avoir du courage, il est
aussi fort bon d'avoir de quoi dîner quand on
a faim, et la chose paraissait assez difficile.
Emile, plus au fait que ses amis, proposa
d'aller trouver le syndic (1), pour connaître
quelque maison où l'on pût manger en payant.

Le syndic de Cantalupo vend du drap, des
aiguilles, du tabac, des chandelles et autres
denrées que nous vîmes dans sa boutique, où
il tient ses audiences. Comme à ses autres em-
plois, il joint celui de directeur de la poste
aux lettres, il a toujours chez lui quelques
nouvellistes du pays. Ils étaient là quatre, occupés à boire leur petit verre. Voyant que
nous en voulions au magistrat et non au mar-
chand, celui-ci sortit de son comptoir et prit
une chaise, puis d'un air grave il écouta notre
requête.

(1) Le maire.

— J'ai compris, j'ai compris.... nous avons des ordres... Qui pourrais-je indiquer?.. Qu'en pensez-vous, vous autres?

— Hum! répondit l'assemblée.

EMILE.

Signor syndic, voulez-vous voir nos passe-ports? Nous ne trouverons pas mauvais que vous fassiez votre devoir. Il n'est pas écrit sur notre front que nous sommes honnêtes gens.

LE SYNDIC.

Non! non! mais voyez-vous... c'est un cas... Cette bienheureuse charge de syndic.... je ne voulais pas l'accepter, vous le savez, vous autres.....

L'assemblée témoigna par un coup de tête.
.....Tous les étrangers me tombent dessus... désolé......

— C'est une bête! dit Armand.

— Vous avez raison, dit en français un jeune homme assez bien mis, qui était entré après nous dans la boutique syndicale. Je me suis douté de votre embarras, et je suis venu

1*

vous offrir un mauvais dîner : je crois être
meilleur physionomiste que le syndic. Accep-
tez-vous la fortune du pot?

EMILE.

C'est fort aimable, monsieur; mais notre
intention n'était pas de dîner gratis.

M. ***.

Des pélerins doivent agréer l'hospitalité
qui leur est offerte. Sans façon, je vous mon
tre le chemin.

C'était par pure politesse que nous faisions
des façons, trop contens de pouvoir faire un
repas qu'en vérité nous avions bien gagné.
Notre hôte fit improviser un fort bon dîner,
qu'il rendit fort gai, car il a de l'esprit. Le
médecin du lieu, qui va avec M. *** tuer des
lièvres quand il n'a pas occasion de tuer des
malades, vint nous faire compagnie. On parla
politique, et ces messieurs furent tout étonnés de nous trouver opposés à l'esprit révolu-
tionnaire, qu'ils aiment assez. Ils croyaient
pieusement sur la foi de certains propagandistes, envoyés dans les universités d'Italie,

que toute la jeunesse française était révolu-
tionnaire, et que les vieilles perruques seulement trouvaient encore un peu d'attrait dans
la religion et les vieilles gloires de la France.
Les pauvres gens demeurèrent confondus, car
leur science politique n'est pas longue : quelques mensonges du *Constitutionnel* , quelques saletés de Voltaire et quelques déclamations de Rousseau , voilà tout ce qu'ils en savent ; gens fort arriérés pour tout ce qui nous
concerne : il ne faut pas leur en vouloir! Pour
arriver à Cantalupo, une idée, bonne ou mauvaise, a bien du chemin à faire. Tant est que,
fort étonnés d'entendre soutenir par de bonnes raisons l'opinion qu'ils regardaient comme
une vieillerie indigne d'un homme de sens,
ils demeurèrent à demi convertis , ou du moins
fort indécis sur leur propre manière de penser.

Les pauvres jeunes gens, ils ne se doutaient
pas que le glaive de la justice voltigeait déjà
sur leur tête, balancé par la main redouta-
b'e du commandant de Poggio-Mirteto, bourg
voisin, et dont relève Cantalupo.

Le muletier souffleté, pensant qu'il n'aurait
pas bon marché de trois Français jeunes, dé-
cidés et robustes, avait été les dénoncer au
susdit commandant : « C'étaient des hommes de

« fort mauvaise mine ; ils avaient fait des hor-
« reurs à l'auberge ; puis recueillis par M. ***,
« ils conspiraient contre le gouvernement. »

Monsieur le commandant, connaissant les
opinions du sujet inculpé, et tout effrayé de savoir les Français dans son district, dépêcha de
suite une brigade de carabiniers. Malheureusement, avant que le brigadier eût achevé son dîner, embrassé sa femme, fouetté sa petite fille,
sellé son cheval et rassemblé sa troupe , nous
avions eu le temps de prendre notre café tout
à notre aise , et de partir par un chemin de
traverse, plus difficile, mais plus court que la
grande route.

M. *** était fort tranquille chez lui quand
l'escadron mit pied à terre à sa porte. Un
homme de garde dans la rue , un autre du
côté du jardin, un troisième en haut de l'escalier, et le brigadier , suivi du reste, entra
dans le cabinet.

— Où sont ces trois vagabonds ?

— Quels vagabonds ?

— Ces conspirateurs !

— Vous êtes fou , seigneur brigadier.

— Je fais une perquisition chez vous.

— Faites... Quelle bête !

Bientôt le brigadier reparut d'un air triomphant.

— Ah! vous les avez fait disparaître ; mais
cela m'est égal, j'emporte des pièces.

— Doucement, galant homme, on n'emporte rien de chez moi sans ma permission.
Voyons ces pièces.

Les pièces étaient... un petit porte-feuille à
mettre les cartes de visites, que Félix avait
laissé par mégarde dans un cabinet.

M. *** haussa les épaules. — Eh! que voulez-vous faire de cela? vous ne voyez pas ce
que c'est.

— Je ne sais pas le français, moi ; ce sont,
sans doute, des papiers importans.... Par où
sont-ils passés?

— Cherchez-les, est-ce que je suis un espion.

Et il partit avec sa proie. Le commandant
de Poggio scella le pauvre petit calepin du
grand sceau du district, fit monter à cheval
une ordonnance, et l'envoya au gouverneur
de Rieti, à dix-huit milles de là. Le lendemain, M. *** reçut une lettre fulminante, où
on le rendait caution de notre conduite, le
déclarant, en outre, sous la surveillance de
la police. Nous sûmes toutes ces belles sot-
tises à Farfa, où le pauvre jeune homme, si

mal récompensé de son hospitalité, nous dépêcha un exprès : nous fîmes aisément connaître que nous n'étions pas hostiles au gouvernement... Mais, allons doucement, nous ne
sommes pas encore à Farfa !

Les routes de traverse sont fort bonnes
pour les gens du pays ; mais, dans des contrées comme la Sabine, qui n'est qu'une suite
de collines, de ravins, de bosquets, de pauvres étrangers peuvent aisément s'égarer.
Nous le fîmes, et si bien, qu'au coucher du
soleil nous étions tout-à-fait hors de la direction de Farfa : un brave homme nous remit
comme il put sur la voie. Un torrent nous
barra une autre fois le passage, mais nous
étions aguerris, et, sans même nous consulter,
nous entrâmes dans l'eau, comme s'il se fût
agi de marcher sur un joli gazon : un paysan
nous avait suivis, espérant gagner quelques
bajoques (1) en nous passant sur son dos.
Quand il nous vit continuer notre route à travers les flots, il s'écria : « Quels hommes êtes-
vous, vous autres ! — Nous sommes le diable », lui répondit Armand, de l'autre rive.

(1) Un peu plus d'un sou.

Il nous regarda, se signa, et s'enfuit ; et nous de rire.

Le rire ne dura guère : la nuit devenait à chaque pas plus obscure, et la route courait à travers une lande déserte. Pas une lumière lointaine, pas un aboiement, le bruit sourd du vent et des torrens éloignés. Enfin nous apercevons sur la droite une maison, nous frappons, la porte s'ouvre d'elle-même, et nous nous trouvons dans une salle, ou plutôt sous un hangar noirci par la fumée ; une petite lampe de fer, pendue au plafond, faisait à peine distinguer deux mauvaises tables de bois et leurs bancs boiteux. Une dizaine de muletiers étaient rassemblés autour du feu.

— Est-ce une auberge ?

— Oui, dirent les manans sans se déranger.

Nous posâmes nos havresacs et nos bâtons sur une des tables, puis, nous approchant du feu :

— Place, dit Armand, nous avons froid.

De mauvaise grâce on se range un peu, en nous regardant de travers. Emile alors, avec un air de bonhomie :

— Cette diable de pluie nous a tout mouil-lés ; et puis une boue, une boue !

Ce disant, il tire son mouchoir et le fait sécher, son couteau et le fait sécher, ses pistolets et les fait sécher.

— Sont-ils chargés?

— Vous êtes bons, vous autres! croyez vous que je marche dans ces montagnes sans avoir de quoi casser la tête à qui me voudrait attaquer?

Armand et Félix comprirent l'intention de leur camarade, et, sous prétexte de sécher leurs armes, les firent briller aux yeux des rustres.

— Prenez garde, ils peuvent partir en les mettant ainsi au feu!

— Vous avez peur? Eh! nous sommes habitués à les manier. Oh! l'hôte! qu'avez-vous?

— J'ai du pain.

— Et puis?

— Rien.

— Nous sommes frais! Et du vin?

— Excellent, vous verrez.

— Préparez un lit.

— Eh! si je n'en ai pas?

— Pas de lit! belle auberge! au moins, vous pourrez nous donner de la paille fraîche?

— Non. Chacun apporte pour ses mulets

ce qu'il pense nécessaire. Comment voulez-vous que je fasse des provisions, s'il ne passe personne sur cette chienne de route? Figu-rez-vous que l'homme d'affaires du comte ***, propriétaire....

— Assez comme cela, l'ami ; nous avons plus d'envie de dormir que de causer. Tâchez donc de trouver quelque moyen de nous faire coucher. Vous avez l'air d'un brave homme, et vous ne voudrez pas faire mourir chez vous trois bons enfans comme nous! Si vous saviez la rude journée !

— Attendez, je vais voir. Ohé! Orsola! Orsola est une petite femme rousse (qualité fort rare en Italie), aux yeux chassieux, au teint blafard, et qui a l'honneur d'être la dame d'un si beau lieu.

— Çà t'est-il égal de coucher cette nuit au grenier?

— Oui, pourvu que tu y couches aussi.

— Ça va sans dire. Oh ! porte du pain et du vin à cette jeunesse..... Voyez-vous, mes-sieurs, ma femme n'est pas mauvaise, mais elle est jalouse, jalouse! Quand je songeai à l'épouser, il y a onze ans, c'est-à-dire, il y aura onze ans à la Saint-Antoine de janvier, j'é-tais.....

— Et vous voulez vous priver de votre lit en notre faveur?

— Oui, oui, une nuit est bientôt passée!

L'hôte était un peu bavard, ce qui n'est pas étonnant chez un hôte, mais il était très excellent homme, et nullement voleur, ce qui est plus extraordinaire : peu de temps après notre visite, il en reçut une autre qui fut la dernière. Une dizaine de soi-disant muletiers vinrent un soir dans l'auberge et coupèrent le cou au pauvre homme et à sa femme, sans qu'on ait jamais pu connaître les auteurs du crime, ni en deviner le motif; car à Ponte-Sfondato il n'y avait rien qui pût tenter la cupidité.

Après avoir dévoré chacun un gros morceau de pain et bu un flacon de vin passable, nous nous rendîmes, précédés d'Orsola, dans la chambre qui nous était destinée. Elle était sous les tuiles, sans autre fenêtre qu'un volet mal joint, et assez grande pour qu'on pût s'y croire en plein air, tant le vent y circulait à son aise.

Le lit était suffisant pour nous trois. En Italie on donne à ce meuble une dimension telle que souvent toute la famille repose sur le même matelas. Qu'il fût dur, peu nous fai-

sait; mais voir ces draps, placés là peut-être
le jour des noces d'Orsola ! voir sur les oreillers ces deux disques noirâtres imprimés sur
la toile par les têtes des tendres époux! ......
Nous fûmes tentés de coucher sur des feuilles
répandues çà et là autour de la muraille : en
réfléchissant pourtant à tous les accidens de
la journée, nous comprîmes qu'il ne fallait
pas cette nuit-là prendre froid, et nous résolûmes de jeter sous le lit et draps et oreillers,
et tout habillés, la tête appuyée sur nos havresacs, de nous blottir sous la couverture.
Nous y étions à peine que voilà entrer un
muletier, tout en marmottant les ave-maria
de son rosaire : il ramasse des feuilles, se couche dessus et se couvre de son manteau.
Après lui, un autre vient faire la même cérémonie, puis un autre, puis encore un autre : bref, tous à la file s'établissent autour de
la chambre.

— Messieurs, dormons d'un œil, dit Emile,
nous sommes en mauvaise compagnie. Il faut
que ces gens-là puissent entendre que toujours un de nous est éveillé : une heure de
garde tour à tour. Dormez, je ferai la première veille.

Ainsi fut fait, malgré le grand besoin de

reposer. Au point du jour les muletiers déta
lèrent avec leurs bêtes, et comme on nous
avait annoncé neuf milles seulement jusqu'à
l'abbaye, nous dormîmes la grasse matinée.
Un paysan passa qui venait de pêcher dans
la Farfa, il avait des goujons et des petites
truites : nous achetâmes le tout. Emile s'en
tira comme il put pour faire la cuisine dans
cette extrême pénurie, et en compagnie d'Orsola et de son mari que nous invitâmes, nous
fîmes un bon déjeûner. Nous allâmes ensuite
dessiner le pont sur lequel nous avions passé la
veille sans le remarquer. C'est un gros rocher
naturellement taillé en voûte d'une manière
fort pittoresque. Il était si joli qu'après en
avoir fait une esquisse, il fallut y mettre au
moins les premières teintes, puis finir les
points les plus saillans, tant et si bien qu'il se
fit tard. Nous serrâmes en diligence et couleurs et crayons, et nous partîmes. C'était la
semaine des mauvaises aventures! La nuit nous
surprit en route : nous avions des indications
si précises que nous ne pouvions pas nous
égarer ; mais comment nous présenter si tard
à l'abbaye? Nous n'y arrivâmes que deux heures après le coucher du soleil.

Nous entrâmes cependant, assez surpris de

trouver la porte ouverte. Un long corridor nous conduisit près d'une salle où l'on parlait à voix haute. C'était un cellier au milieu duquel un grand moine de six pieds dix pouces au moins payait des ouvriers et leur donnait ses ordres pour le lendemain. Le frère dépensier nous jeta un regard oblique d'assez mauvais augure, puis :

— Que demandez-vous ici?

— Le très révérend Père abbé.

— Il n'y est pas.

— Où est-il?

— A Saint-Fiano.

— Où est Saint-Fiano?

— Eh! je n'ai pas le temps de vous enseigner les chemins, moi : cherchez-les.

— Tout beau! soyez honnête. Vous ne savez pas à qui vous parlez. Votre abbé pourrait vous faire repentir de votre insolence, si nous ne la châtions pas nous-mêmes. Y a-t-il ici quelqu'un qui remplace l'abbé?

— Quand je vous dis qu'il n'y a personne ici : j'y suis seul et je pars à l'instant pour Saint-Fiano ; ainsi veuillez sortir, que je ferme les portes.

Armand grillait d'envie de caresser les cô-

tes de ce grand escogriffe de moine si mal ap-
pris. Emile le retint.

— Si vous allez à Saint-Fiano , nous vous
accompagnerons.

— Comme vous voudrez.

Il va dans la cour , ferme les portes , se met
les clefs en poche, puis de l'écurie tire un
bon cheval sur lequel il saute légèrement en
nous disant : « Saint-Fiano est là-haut sur la
« montagne ; toujours à gauche, vous ne pou-
« vez pas vous tromper... » Il pique des deux
et nous plante là.

Jugez notre dépit ! Mais le dépit ne remé-
die à rien. Nous eûmes assez de peine à sortir
du labyrinthe de maisons à travers lequel avait
disparu le cavalier encapuchonné. Puis lentement nous commençâmes à monter une côte
pierreuse. Entre deux taillis fort épais, nous
allions au hasard sans voir à cinquante pas devant nous, et s'il se trouvait un embranche-
ment de routes, nous prenions tristement à
gauche, dans l'idée que le moine était bien
capable de nous avoir dit précisément le contraire de la vérité. Enfin, après plus d'une
heure, nous aperçûmes à peu de distance une
grande grille, et derrière , au fond d'une cour

en terrasse, un joli petit château moderne.
En approchant, nous reconnûmes les armoiries de l'ordre sculptées sur l'entablement de
la porte.

— Ah! voilà enfin Saint-Fiano!

— Oui! croyez qu'on vous ouvrira! Ce grand
diable aura été sonner l'alarme là-dedans, et
je suis sûr qu'on n'a pas oublié un verrou ce
soir.

— Sonnons, et si on ne nous ouvre pas,
donnons l'assaut: enfonçons une fenêtre, dormons dans la première salle venue, puis demain partons avant le jour; et malheur aux
moines s'ils veulent nous déranger!

— Cher Armand, vous êtes fou!

— Comment! nous traiter de la sorte!

— Après tout, nous connaît-on, et avons-
nous l'air bien rassurant? Sonnons.

Il n'en fut pas besoin; la grille était tout
contre. Arrivés à la maison, nous frappâmes:
un domestique, une lampe à la main, vint
nous ouvrir.

— Le Père abbé?

— Oui, monsieur, il est prévenu de votre
visite; il désire qu'un d'entre vous l'aille trouver là-haut.

— J'y vais moi, dit Armand, et nous ver
rons : est-ce assez d'insolence !

— Non, vous n'irez pas. Emile, faites-moi
le plaisir de vous présenter : cet étourdi d'Armand ferait quelque sottise.

— Félix !

— Taisez-vous, mon ami, vous vous êtes
monté la tête mal à propos.

Emile alla trouver le Père abbé de qui facilement il se fit connaître pour ce qu'il était. On
nous fit préparer à souper ; puis nous nous couchâmes, invités à passer le lendemain en compagnie du révérend Père.

Saint-Fiano est la maison de campagne de
l'abbé de Farfa. Et qu'on ne s'étonne pas de
voir un religieux avec des maisons de campagne, des valets de chambre, des chevaux : un
abbé de Bénédictins n'est pas un capucin. Son
vœu de pauvreté consiste à n'avoir rien en
propre, sans l'empêcher de jouir des avanta-
ges qu'il trouve dans son couvent. Mais laiss-
sons parler l'abbé de Farfa, qui sait mieux ces
choses-là que nous. Avant de vous faire faire
connaissance avec lui, je dois vous dire que
vous pouvez l'écouter avec confiance. Homme
d'esprit, vertueux et instruit, il a beaucoup

étudié son ordre, et plût à Dieu que tous les religieux, même les plus réformés, eussent autant que lui l'esprit de leur état!

Nous descendions vers l'abbaye, et l'on causait.

LE PÈRE ABBÉ.

Vous trouvez donc surprenant, Monsieur, que je puisse vous donner chez moi une jolie chambre et des dîners passables?

ARMAND.

Je ne critique point : j'interroge pour m'instruire.

LE PÈRE ABBÉ.

Je prendrai ma réponse d'un peu haut. Les Lombards s'étaient depuis peu établis dans la Sabine, pays ruiné par les guerres et réduit à l'état de barbarie, quand une colonie de moines bénédictins vint s'établir sur les bords de la Farfa. Leur zèle fut récompensé par le martyre; les farouches vainqueurs, idolâtres ou ariens, massacrèrent ces apôtres de la vérité catholique. D'autres les remplacèrent et subirent le même sort : un troisième essai fut tenté. Soit que la charité infatigable des moines eût touché les barbares, soit, et je le croirais plutôt, que la semence jetée par les premiers et arrosée de leur sang, eût déjà germé dans les cœurs, on les laissa exercer leur apostolat, on leur construisit même une habitation, et on leur donna les terres environnantes. Ce n'étaient point alors de fertiles prairies, de riches plants d'oliviers, des champs bien cultivés, comme vous les voyez aujourd'hui. Les moines ne trouvèrent que des rochers et des plantes sauvages. Il fallut défricher, il fallut reconquérir sur la rivière les terrains qu'elle inondait chaque année, il fallut opposer des digues à la violence des eaux et leur tracer un nouveau lit. Vous n'ignorez pas, messieurs, que telle fut l'occupation des premiers religieux de notre ordre. Ils instruisaient les peuples, et après avoir répandu la divine parole, ils cultivaient de leurs propres mains les champs qui devaient les nourrir et fournir aux besoins des pauvres. Peu à peu la religion se répandit dans ces contrées, et à sa suite vint la civilisation. Les moines de Farfa en furent les ardens propagateurs. Sous leur direc-

tion les barbares apprirent à vivre en hommes; on bâtit des villages, on défricha des
terres; une société s'établit et naturellement
fut soumise à l'influence de ceux qu'elle regardait comme ses fondateurs. L'abbaye, de
jour en jour plus florissante, attira les regards
des souverains. Elle fut déclarée abbaye impériale par les successeurs de Charlemagne :
l'abbé fut seigneur temporel des contrées où
toujours il avait commandé; les peuples s'en
réjouirent, car ils étaient habitués à sa domi-
nation, et les vassaux des seigneurs ecclésias-
tiques ont toujours été plus heureux que ceux
des suzerains laïcs. Vous concevez qu'alors une
cour dut se former à Farfa : l'abbé eut ses pages, ses écuyers, ses hommes d'armes, à la
tête desquels il marcha plus d'une fois : c'était
le caractère du siècle. Notre abbaye a joué
un grand rôle dans le moyen-âge. Il est peu
de faits importans auxquels elle ne se trouve
mêlée. Enfin vinrent des temps meilleurs; on
apprit à vivre en paix, et l'abbé put déposer
le casque et reprendre la mitre. Il n'oublia pas
toujours pour cela qu'il était prince, et ca-
chant dans son cœur l'humilité du moine, il
étala au-dehors la magnificence du suzerain.
Nous avons perdu les titres et la puissance.

mais nous tenons le même bâton pastoral.
Est-il si étrange que le successeur d'un prince
jouisse de l'aisance d'un petit propriétaire ;
car je n'ai pas davantage ? Cette histoire est,
à l'illustration près de Farfa , celle de toutes
les abbayes de notre ordre.

ARMAND.

C'est assez joli cependant de faire vœu de
pauvreté pour jouir d'une fort honnête aisance !

LE PÈRE ABBÉ.

Voyez mes cheveux blancs, monsieur, et il
y a peu de temps que je suis abbé ! Toute ma
vie j'ai dû faire le métier rude de professeur
de collége; car c'est à présent là, avec le ser-
vice du chœur, notre principal emploi. Trou-
vez-vous si joli de se livrer à une telle fatigue
pour de longues années, avec l'espérance in-
certaine (car tous ne deviennent pas abbés)
d'obtenir, sur ses vieux jours, une place... dont
vous voyez les fleurs, mais dont je sens les épines? Je ne prétends pas que notre ordre ait
la perfection de quelques autres, j'affirme seulement que sur quelques apparences on nous

accuse injustement de vie oisive et commode.
Je dirai plus : après la compagnie de Jésus,
nous sommes , de tous les grands ordres , celui
où l'on est le plus occupé.

FÉLIX.

Cependant, mon révérend Père, la fumée
ne va pas sans feu , et vos couvens passent pour
de douces retraites.

LE PÈRE ABBÉ.

Vous êtes des gens terribles, vous autres
Français ! Avec vous il faut mettre les points
sur les *i*.

FÉLIX.

Pardonnez si.....

LE PÈRE ABBÉ.

Non, non! vous me faites plaisir au contraire. Nos couvens passent pour *de douces retraites!* Entrez dans nos réfectoires, vous y verrez la table servie avec une modeste simplicité.
Si nos cellules ont en général un air d'élégance

et de bon goût qu'on ne trouve pas ailleurs, cela vient de ce que nous ne recevons que des jeunes gens bien élevés et habitués à cette délicatesse de propreté que donne la bonne éducation : ils trouvent chez nous les mêmes traditions. L'étude des belles lettres, des sciences, des arts développe en eux un sentiment plus exquis; tout ce qui les entoure s'en ressent. Je sais que la mondanité s'y peut glisser aisément, et que la chambre nue d'un jésuite est plus respectable que la cellule proprette d'un bénédictin ; mais encore une fois, ce n'est pas de quoi nous jeter la pierre. Que si vous voulez pour un mois vous soumettre à la règle, vous me saurez dire si la plus jolie cellule de l'abbaye, que je vous donnerai, vous aura paru *une douce retraite.*

ÉMILE.

On déclame beaucoup contre les religieux, et la malignité accueille volontiers ces déclamations. Quand, pour la première fois, je vins en Italie, j'étais plein de préjugés contre les ordres; en les voyant de près, j'ai bien changé d'avis. Sans fermer les yeux sur les abus que je condamne, j'ai reconnu com-

bien sont vains tous les prétextes dont on a
voulu chez nous justifier la destruction des
corps religieux.

FÉLIX.

Après la haine de la religion, le principal
motif a été, je crois, de s'emparer de leurs
biens.

LE PÈRE ABBÉ.

Et quelle injustice plus criante ? Quels biens
ont été jamais plus légitimement possédés que
ceux des religieux ? La plupart, ils les devaient
à leurs travaux, puisqu'ils avaient souvent,
pendant longues années, lutté contre la sté-
rilité du sol qui leur avait été abandonné ;
d'autres provenaient de donations dont les
titres existaient et démontraient le droit de
propriété le plus incontestable. Leur indus-
trie en avait doublé, triplé le produit ; avec le
temps ils étaient devenus fort riches ; mais
ces richesses, qui excitaient l'envie, et qui,
je le sais, nuisirent plus d'une fois à la discipline monastique, étaient à eux légitimement, et quelle raison peut-on donner pour

troubler une possession si clairement établie?
Il n'y en a qu'une : « Je suis le plus fort. »
c'est justement celle des voleurs de grand-
chemin.

ARMAND.

Je voudrais bien entendre les beaux cris
que pousseraient nos riches philanthropes,
si on leur enlevait leurs énormes fortunes sous
prétexte qu'ils n'en font pas bon usage. Comme
ils nous étourdiraient de belles maximes sur
le droit de propriété, sur la liberté indivi-
duelle; comme ils feraient valoir leur indus-
trie, comme ils étaleraient leurs titres ! Cependant il ne m'est pas du tout démontré que
des bulletins de la bourse ou des contrats de
commerce soient plus respectables que de
bonnes donations bien en forme.

L'abbaye de Farfa a subi bien des transfor-
mations depuis son établissement : elle offre
à présent un beau reste de sa splendeur passée. L'église est grande, belle, mais d'une
simplicité rare en Italie et surtout chez les
Bénédictins. Nous y admirâmes les livres de
chant écrits à la main sur parchemin par les

moines du moyen-âge. Les lettres majuscules
y sont formées par des vignettes d'un fini dé
dessin, quoique sans pureté, et d'une vivacité de coloris qui étonne : on les dirait faites
d'hier. Ces livres et ceux de l'abbaye de
Mont-Cassin sont les plus beaux que nous
ayons vus.

On reconnaît, en parcourant les bâtimens
de l'abbaye, le soin qu'ont toujours porté les
moines à l'agriculture : tous les besoins y sont
prévus. tout y est disposé avec une entente
parfaite. La bibliothèque témoigne que l'on
n'a pas négligé la culture de l'esprit elle pos-
sède des chartes extrêmement anciennes
dont les plus intéressantes ont été publiées
par le savant P. Mabillon, bénédictin fran-,
çais, qui a parcouru les grandes abbayes de son
ordre dans toute l'Europe, pour y déterrer
les documens précieux pour l'histoire.

—Ah! dit Armand en sortant, voilà les ba-
raques dont hier nous ne pouvions nous tirer.
Mais pourquoi ces petites fabriques en face
de l'abbaye ? A leur alignement, à leurs rues
parallèles aux murs qui les entourent. on croi-
rait voir un camp retranché.... Est-ce que
vous faites faire les graudes manœuvres à vos
moines?

LE PÈRE ABBÉ.

Eh, eh! Quand l'abbé de Farfa avait sous
sa houlette plus d'un millier de religieux,
l'envie aurait fort bien pu lui venir d'en former un régiment; mais tel n'est pas le but de
cette enceinte. Ces moines inutiles, grossiers,
etc., ne se bornèrent pas à la culture des campagnes et aux travaux littéraires, ils pratiquè-
rent, enseignèrent, encouragèrent tous les
arts utiles. On les vit peintres, architectes,
ingénieurs, ouvriers : le commerce, élé-
ment indispensable de la société, ne fut pas
oublié : vos industriels seraient peut-être bien
étonnés d'apprendre que les moines, pour qui
ils n'ont que du mépris, ont été les premiers
protecteurs du trafic chez des peuples qui
jusque là n'avaient su échanger que des coups
d'épée.

Les communications alors étaient difficiles,
les moyens de transports coûteux, les routes
peu sûres; de là les foires qui furent long-
temps encore la principale ressource du commerce. Les grandes abbayes prirent sous leur
protection les marchands, et les réunissant au-

près de leurs murs, leur assurèrent une sécu-
rité qu'ils auraient difficilement trouvée ailleurs. L'enceinte et les contours des abbayes
étaient lieux qu'on n'aurait pas osé violer im-
punément ; défendus par les censures ecclé-
siastiques, ils l'étaient encore par la puissance des abbés, auxquels il n'était pas bon de
se jouer. L'affluence des commerçans à Farfa.
où l'on trouvait bonne et sûre protection, en-
gagea les moines à construire ces rues où.
comme dans un grand bazar, hommes, bêtes
et provisions pussent trouver un abri moyen-
nant une légère redevance. Peu à peu d'autres
places de commerce s'établirent, on sut faire
avec plus d'art circuler les capitaux, et n'ayant
plus besoin de l'abbaye on cessa de la fré,uen-
ter. La foire de Farfa n'est à présent que le
rendez-vous des paysans des environs : c'est
pourquoi vous voyez en si mauvais état la
plupart de ces maisonnettes.

FÉLIX.

J'ai toujours été assez ami des moines, sans
en avoir jamais vu jusqu'à ce jour : mais je ne
soupçonnais pas l'influence qu'ils ont exercée
sur l'enfance de la société moderne. Les

histoires que j'ai lues n'en disent rien.

C'est que la plupart de nos histoires ont
été écrites dans un assez mauvais esprit. Si
vous aviez consulté les chroniques, les auteurs
originaux, et ces monumens admirables d'é-
rudition élevés à grands frais par des hommes
consciencieux, et laissés depuis à dessein dans
l'oubli, vous auriez avec étonnement vu combien nous sommes redevables aux moines. On
peut dire qu'ils ont formé l'état social de
l'Europe; ou plutôt, organes de la pensée
catholique, ils n'ont fait que l'appliquer dans
ses conséquences pratiques. Mission immense,
mais qu'ils ont dignement remplie.

LE PÈRE ABBÉ.

Notre saint fondateur nous a constitués sur
des bases si larges, que sans cesser d'être
nous-mêmes, nous avons pu correspondre aux
besoins des diverses époques de la société ; pri-
vilége refusé à plusieurs des autres ordres
dont l'activité eut son but spécial et limité ;
si on les transforme, on les tue. Les Béné-

dictins pendant huit siècles ont marché avec
la société qu'ils devançaient , revêtant sclón
les temps des modes différens, obéissant tou
jours à la même pensée. Depuis lors notre étoile
çà et là s'est obscurcie : nous avons encore
cueilli bien des lauriers dans les champs de
la science et des arts , mais un mouvement
plus fort que le nôtre nous a entraînés.

EMILE.

Qui sait si vous ne reprendrez pas votre vigueur antique?

LE PÈRE ABBÉ.

Tout est possible à Dieu , mais ce serait un
grand miracle (1). Notre règle porte en germe
tout ce qu'il faut pour nous développer.......
quel génie la viendra féconder?.. D'ailleurs,
messieurs, nous entrons là dans la question

(1) Ce miracle semble se préparer; on sait qu'en Ba-
vière, en France et ailleurs des maisons de Bénédictins
se relèvent, dont les religieux ont tout le zèle et tout le
dévouement des beaux temps de l'ordre.

viale de l'époque; savoir comment l'Eglise a
perdu successivement, depuis trois siècles et
plus, une partie de sa prépondérance sur les
sociétés civiles, comment son influence so-
ciale a été contrariée, amoindrie par l'influence protestante, philosophique, révolu-
tionnaire; c'est tout un. Répondez, et vous
aurez fait l'histoire de notre ordre, car nous
n'avons jamais été que les instrumens de l'E-
glise, nous n'avons eu de vie que la sienne.

Le reste de la journée se passa à Saint-
Fiano. Tour à tour gai, sérieux, toujours
spirituel et aimable, le père abbé nous fit
trouver les heures trop courtes. Il avait raison
de nous vanter la bonne éducation de son ordre ; chez tous les bénédictins que nous avons
connus, nous avons trouvé les meilleures manières possibles, et quelquefois, il faut le dire,
une petite teinte mondaine, peu en harmonie
avec le capuchon. Armand, en quittant notre
bon abbé, l'assura que s'il se fait jamais religieux, il sera bénédictin. Vous avez l'œil bien
vif! répondit le moine en souriant, il vous
faudrait un rude noviciat! .... Avant de vous
laisser partir, je veux, messieurs, vous montrer le point vers lequel vous vous dirigez.

Voyez là-bas à l'horizon ce point sphérique....
C'est la coupole de Saint-Pierre : nous en
sommes à vingt-sept milles !

———

ROME.

—

— Un Anglais de Lincoln-Shire racontait avec emphase son *voyage* en Italie. Il avait mangé d'excellent fromage dans le Milanais, bu du vin délicieux à Orvieto, dévoré les macaroni napolitains : il savait combien de postes d'une ville à l'autre, et combien on

paie par relais, y compris les cinq bajoques
pour le palefrenier ; il n'ignorait pas comme il
faut s'y prendre dans les auberges pour être
bien servi ; en somme il avait dépensé 3oo livres sterl.! C'était un homme accompli!

— Vous avez vu Rome? dit un des auditeurs.

Rome?... attendez... Rome! ah! oui, ville
sur le Tibre, capitale des Etats romains; certes
oui, j'y suis passé ; on y paie double poste.
Je me souviens bien d'y avoir relayé et d'y
avoir pris un bouillon... mais c'était la nuit.
. je n'ai rien vu.

FÉLIX.

Taisez-vous donc, Emile, avec vos folies !
Est-ce le moment de raconter un trait de
stupidité pareille, quand on foule une route
sur laquelle ont passé tant de générations
d'hommes! Ici le soldat romain, chargé des
dépouilles de l'univers, suivait ses aigles
triomphantes; ici se pressèrent les innom-
brables phalanges de barbares, poussées par
une main invisible à la destruction de la maî-
tresse du monde ; ici plus d'une fois ont roulé
les canons français.....

ARMAND.

..... Et la postérité pourra dire : « Ici trois jeunes chercheurs d'aventures.....»

FÉLIX.

Oh! vous êtes insupportable avec vos plaisanteries!

ÉMILE.

Mon ami, si la fièvre d'antiquaire commence à vous prendre, nous sommes perdus ; je vous dirai cependant le nom de cette route : c'est la voie Flaminienne, dont l'ancienne direction a été presque partout abandonnée ; elle mène au Ponte-Molle, près duquel Constantin remporta sur Maxence la victoire qui décida de l'empire et fit monter la religion sur le trône des Césars. Après le pont commence une suite de *ville* et de *vigne*, c'est-à-dire de maisons de campagne et d'enclos en rapport, qui mène jusqu'à la Porte du Peuple.

ARMAND.

Pourquoi n'avons-nous pas suivi la grande
route de la Sabine? nous arrivions bien
plus tôt.

EMILE.

Sans doute : nous passions le pont Salaro,
jeté sur le Teverone, puis nous trouvions les
ville qui précèdent toutes les portes de Rome,
et nous entrions dans la ville, mais par un
coin, pour ainsi dire : la Porte du Peuple
nous met dans le plus beau quartier, et d'ailleurs c'est une entrée digne de Rome et de
nous !

En effet, après un coup-d'œil à la villa
Borghese où se pressent les promeneurs à
pied, à cheval, en carrosse, nous franchîmes
la porte. Elle donne entrée sur une immense
place elliptique au milieu de laquelle un obélisque de cent trente pieds environ de hauteur, porte la croix dans les airs et annonce
noblement la ville catholique. A la base, des
lions couchés jettent des eaux abondantes

dans de grandes urnes de granit. En face,
trois larges rues convergentes dont les angles
formés par deux élégantes églises parfaitement symétriques, servent à la fois d'ornement à la place et d'entrée au grand cours,
qui, bordé de palais magnifiques, se déroule
jusqu'au pied du capitole ; à gauche, les élégantes terrasses du Monte-Pincio, auxquelles
s'appuie une fontaine ornée de statues; à
droite, un autre groupe et des masses de
verdure.

Les obélisques, que l'on regarde avec raison
comme un des ornemens les plus curieux de la
ville de Rome, sont des aiguilles pyramidales
quadrangulaires, d'un seul morceau de granit, d'une hauteur et d'une grosseur merveil-
leuses. C'est aux Egyptiens que l'on doit ces
morceaux de sculpture gigantesque. Les empereurs romains les jugèrent dignes d'orner
la capitale du monde, et avec des frais énormes les firent transporter de l'embouchure du
Nil aux rives du Tibre. Celui qu'Auguste
éleva dans le cirque Maximus fut mis sur
un vaisseau d'une si prodigieuse dimension
que quatre hommes n'en pouvaient embrasser
le mât, et que l'empereur Claude l'ayant fait
couler à fond, en forma une île sur laquelle

il bâtit une petite cité. Les obélisques, au nombre de quarante - deux, commandèrent donc pendant quatre siècles l'admiration des Romains et des étrangers attirés de toutes parts à la capitale. Vinrent à leur tour les barbares Huns, Goths, Vandales, et le règne des aiguilles égyptiennes finit : toutes furent jetées à terre, où, brisées pour la plupart, elles restèrent ensevelies sous les décombres jusqu'à ce que les Papes leur rendissent la lumière et la gloire. Quand on réfléchit à ce qu'il a fallu de dépenses et de soins pour relever celles de ces pièces qui n'étaient pas rompues, on ne peut s'empêcher d'admirer les souverains Pontifes qui, par amour pour les beaux arts, n'ont pas reculé devant de pareilles entreprises. Sixte V, dont le génie élevé se plaisait à lutter avec les difficultés, a mis en place la plupart des plus grands, ceux de la Porte du Peuple, de Saint-Jean-de-Latran, de Saint-Pierre, etc. J'ai eu entre les mains la description détaillée des machines employées par Domenico Fontana pour le transport et l'érection de ce dernier ; on tremble en la lisant. L'architecte avait à transporter un poids d'un million quarante-trois mille livres, avec le danger manifeste de rompre le fût long de plus de cent pieds. Grand nombre de mécaniciens y avaient renoncé, et quand on sut que Fontana s'en chargeait, on s'attendit à le voir échouer avec honte. Sûr de son talent, il allait cependant préparant ses machines ; au jour fixé, il se rendit avant l'aurore dans la basilique de St.-Pierre, suivi de neuf cents ouvriers, et là, prosterné sur le pavé, il implora le secours du Seigneur; puis chacun courut à son poste. Un peuple immense, à peine comprimé par les gardes nombreuses, observait de loin le jeu des machines. Fontana, d'un lieu élevé et en vue de tous, commandait les manœuvres : tous les préparatifs sont faits ; il s'agit de lever de terre ce bloc immense. L'architecte donne avec une trompe le signal ; un silence profond s'établit tout-à-coup dans l'innombrable multitude des curieux, puis s'élève comme un tonnerre le cri des roues et des poulies; l'effort des leviers fait trembler la terre. Fontana suit de l'œil les progrès de l'ouvrage, sa main se lève, il frappe une cloche placée près de lui, le travail cesse, l'obélisque est soulevé. Alors gronde l'artillerie du château Saint-Ange , auquel répondent les cloches de la ville, les ouvriers se précipitent, saisissent leur maître et, aux cris de vive Sixte, vive Fontana, ils le portent en triomphe dans tout Rome (1).

Tout en raisonnant sur les obélisques, nous avancions dans le cours. Toutes les cloches avaient sonné l'angélus, on n'y voyait plus guère, quand, au bout de la rue, nous aper ûmes deux longues files de lumières tremblottantes qui lentement s'avançaient vers nous; un murmure qui avait je ne sais quoi de lugubre devenait de plus en plus distinct. D'abord des pénitens vêtus d'une robe grisâtre, ceints d'une corde, avec une pélerine noire, et la tête toute enveloppée d'un sac percé de deux trous à la hauteur des yeux et flottant en pointe au-dessous du menton, puis des capucins à n'en plus finir, puis des observans, puis des réformés, puis des prêtres, tous un cierge à la main, tous récitant des psaumes.

(1) Pline assure qu'au temps d'Auguste vingt mille ouvriers furent employés au transport de cet obélisque; et Ammien Marcellin dit, qu'à voir les poutres dont se composaient les machines, on aurait cru qu'une forêt avait été plantée dans Rome.

ARMAND.

Qu'est-ce que cette procession? Est-ce pour nous recevoir avec l'honneur dû à notre mérite que ces braves gens s'exposent à attraper un rhume?

ÉMILE.

C'est un enterrement.

ARMAND.

Où donc le corbillard?

ÉMILE.

Cette laide et dégoûtante machine du corbillard n'est pas connue à Rome : voyez comment se transporte le corps.

Quatre pénitens portaient une civière toute dorée, couverte d'une draperie de velours blanc, sur laquelle paraissait dormir une jeune fille couronnée de fleurs : ses longs cheveux noirs doucement agités par la brise du soir

rendaient plus sensible la pâleur de ses joues;
un sourire d'innocence et d'espérance inef-
fable semblait encore voltiger sur ses lèvres,
ses mains jointes pressaient un crucifix sur
son cœur. Des vierges l'accompagnaient.

ÉMILE.

Voilà comme ici la mort n'a pas cet aspect
repoussant, qui chez nous la rend hideuse.
Je n'ai jamais, à Paris, passé près d'un convoi
sans sentir mon cœur se flétrir : il y a là une
séparation si brutale, un empressement si
farouche de dérober à tous les regards les
restes d'un homme... Cette bière, ces coups
de marteau dont le retentissement va percer
le cœur d'une nouvelle douleur, ces gens
payés qui jettent leur ballot sur un char de
forme lugubre ; tout est fait pour repousser.
Quelles formes aimables revêt au contraire le
trépas, quand des frères viennent chercher
leur frère pour le porter au lieu où il doit attendre la résurrection! pourquoi le cacher,
n'est-ce pas le même corps que nous aimions
à voir hier? Son âme ne l'habite plus, il est
vrai, mais elle existe toujours, mais elle se
réunira avec ces membres qu'elle abandonne

à présent à un long sommeil. Non, le corps du chrétien n'inspire point des pensées hideuses; les méditations graves qu'il inspire peuvent porter dans l'âme la tristesse, mais c'est une tristesse salutaire qui opère le salut.

ARMAND.

Avec vos *formes aimables*, tout cet appareil-là peut faire beaucoup de mal; bien des personnes ne peuvent soutenir la vue d'un cadavre découvert.

ÉMILE.

Vous parlez avec les préjugés de notre éducation, vous supposez cette pompe funèbre dans les rues de Paris, au milieu d'une population que les formes contre lesquelles je m'élève ont habituée à avoir horreur de la mort, et vous avez raison, cela pourrait faire mal à quelques-uns. Mais, cher ami, cette fausse délicatesse n'existerait pas si on ne l'avait par un usage barbare implantée dans les cœurs, et il en résulterait un bien immense. Vous ne savez pas combien de gens meurent sans recevoir les sacremens, ou du moins sans les recevoir à temps, uniquement parce qu'on craint *de les frapper* par l'idée de la mort! Otez à cette idée son entourage désespérant, rendez-la familière, usuelle. *aimable* quoi que vous en disiez, et l'on cessera de redouter la visite d'un prêtre, qu'on ne craint le plus souvent que parce qu'on le regarde comme l'avant-garde des *croque-morts!* Et j'avoue que l'idée n'est pas agréable du tout.

FÉLIX.

Comment se fait-il que les Français, si sensibles, si aimans, si nobles, aient si mal compris la mort du chrétien, et qu'ils l'aient dépouillée de toute son harmonie religieuse pour en faire une chose glaciale et rebutante?

ÉMILE.

C'est, mon bon ami, que les Français ont commis une faute en cherchant à s'individualiser, à se séparer du souverain pontife en des usages divers; car tout individualisme resserre le cœur, engendre une méfiance et une susceptibilité qui ne s'accordent pas avec l'expansion catholique.

ARMAND.

Ces pénitens, qui sont-ils?

ÉMILE.

Ce sont des hommes pieux, réunis en confrérie à l'effet de rendre aux morts les derniers devoirs. Il y a là des personnes de tous les rangs, et souvent, sous le sac, un prince marche à côté d'un manœuvre dont on ne peut le distinguer. Institution, je crois, un peu plus chrétienne et plus morale que l'administration des pompes funèbres.

ARMAND.

On conçoit que ces confrères se soucient peu de distinctions et d'honneurs, quand ils sont revêtus de leur sac ; la mort leur parle trop éloquemment de l'instant où toutes les supériorités de rang et de fortune s'évanouissent et où l'homme jeté aux pieds de son juge n'a plus avec lui que ses œuvres. Il faut une foi courageuse pour affronter avec joie ces idées, et quand des hommes caressés du monde

quittent pour elles les séductions qui les environnent, j'en suis plus édifié que de voir des
capitalistes spéculer sur les décès et faire fortune à force d'enterremens.

ÉMILE.

Que voulez-vous, mon cher, nous en sommes au règne de l'industrialisme, ses inspirations doivent remplacer celles de la foi, qui
n'est plus de mode !

Le lendemain matin, Emile fut prié par
ses amis de les conduire à Saint-Pierre.

— A peine arrivés ! Respirons un peu !

— Nous respirerons après : nous vous pro-
mettons de ne vous point importuner de plusieurs jours ; mais il nous est impossible de
nous sentir près de Saint-Pierre, sans aller
admirer un édifice dont les seules descriptions
nous ont laissé une idée prodigieuse. Et puis,
dévot pèlerin, ne voulez-vous pas mettre votre
séjour à Rome sous la protection du chef des
apôtres ?

— Je satisferai votre désir. Quant à la visite
de pèlerins, je vous en ménage une !...

— Qu'est-ce que c'est ?

— Nous verrons si votre dévotion résistera
aux sept églises.

— Comment?

— Oui, messieurs, vous aurez un de ces
jours la bonté de partir avec moi au lever de
l'aurore, et de m'accompagner à la visite de
sept églises, que je vous ferai connaître ; dans
la dernière, nous communierons, afin de gagner l'indulgence attachée à cette dévotion ;
et comme les basiliques sont raisonnablement
éloignées les unes des autres, nous aurons
parcouru une douzaine de milles à pied, à
jeun et dans le recueillement, notez bien ce
dernier point!

ARMAND.

Est-ce qu'il n'y aurait pas moyen de....

FÉLIX.

Fi donc, Armand! Voulez-vous marchan-
der avec le Seigneur? Avez-vous peur d'en
faire trop pour lui?

ARMAND.

Vous jugez trop sévèrement une plaisante

rie inspirée par un peu de paresse. Avouez
pourtant que la fatigue est bonne !

FÉLIX.

Et pourquoi ne vous êtes-vous jamais plaint
quand nous avons passé des journées entières
à la chasse au marais, les pieds dans l'eau,
enveloppés d'un brouillard froid, et sans
autre déjeuner qu'un petit verre de rhum
avant le départ? Je sais que là il n'y avait pas
le *recueillement*, et c'est peut-être ce qui vous
effraie plus que tout le reste. Faire douze milles
sans dire une folie, sans faire une observation
maligne, sans dévorer tout des yeux, c'est
une rude pénitence, n'est-ce pas?

ÉMILE.

Oh! notre ami est brave; il ne refusera pas
de faire ce que font souvent des dames déli-
cates.

ARMAND.

Ah! s'il y a des dames...

ÉMILE.

Et le recueillement ! vous l'oubliez ?

ARMAND.

Je parie être plus recueilli que vous deux
ensemble !

ÉMILE.

Il vous faudrait un saint Philippe de Néri.
Chaque jour il faisait cette dévote promenade,
et une fois par semaine, il y conduisait une
foule de jennes gens qu'il avait sous sa direction ; et il fallait voir quelle ferveur, quelle
modestie ! On envoyait des provisions au lieu
de la dernière station, et après la messe que
disait le saint, on passait quelques heures dans
une innocente récréation. Saint Philippe était
d'une gaîté quelquefois incroyable et mettait
tout en train.

ARMAND.

Vous avez raison, c'était un saint taillé tout
exprès pour moi.

3*

ÉMILE.

Attendez! Il riait volontiers et n'exigeait
point de ses pénitens un air mystique et do-
lent; mais comme il les travaillait! à quelles
dures épreuves il les mettait souvent! Que
d'actes héroïques d'humilité, de charité, d'o-
béissance il leur imposait! Ce n'étaient point
des singes de dévotion qu'il formait, c'étaient
des hommes d'une vertu solide et inébranla-
ble, des hommes intérieurs, de parfaits chrétiens.

ARMAND.

J'ai compris: il négligeait d'abord les ouvrages avancés, pour s'attaquer au centre de
la place, sûr, une fois maître de la citadelle,
de faire à son gré tomber les palissades. La
tactique était bonne.

ÉMILE.

Et elle lui réussissait merveilleusement. Il
a créé un nouveau peuple dans Rome.—Arrêtons-nous ici; je veux en passant vous faire
observer la belle architecture du Panthéon,

aujourd'hui Santa-Maria Rotonda. On ne l'a
jamais retouché ; aux autels près, il est tel
qu'Agrippa le fit construire, il y a dix-sept
siècles environ. Sa coupole est, avec celle de
Sainte-Sophie de Constantinople, la seule
qui nous reste des temps antiques: je vous prie
de la remarquer.

ARMAND.

La courbe en est parfaite et s'unit on ne
peut mieux avec le reste de la bâtisse. Quel
bel ensemble, comme il est suave !

ÉMILE.

Nous reviendrons ici gardez une idée nette
de la coupole.

FÉLIX.

Quel amour de coupole !

ÉMILE.

J'ai mes raisons. — Cette place longue et
qui désirerait des bâtimens moins ignobles est

la place *Navone*; autrefois on l'inondait et elle servait aux naumachies ou joutes sur l'eau : maintenant on y fait à certains jours passer un courant, afin d'enlever les immondices qu'y laisse le marché aux herbes, et alors les cochers de fiacre y viennent promener leurs bêtes par respect sans doute pour l'antiquité. Les fontaines en sont belles : remarquez les figures de celle du milieu, ce n'est pas du marbre, c'est de la chair.

Nous saluâmes sans y entrer l'église de Saint Philippe de Néri; puis, après avoir passé le pont Saint-Ange, en face duquel se présentent avec bonne grâce les bouches de deux canons braqués sur la courtine du fort, nous fîmes une petite visite à l'hôpital de Santo Spirito, et nous pressâmes le pas, afin d'arriver à Saint-Pierre dont nous apercevions un angle.

La place est circulaire et entourée d'un portique à jour à quatre rangs de colonnes, entre lesquelles les voitures peuvent circuler à l aise : au centre est l'obélisque dont nous avons déjà parlé; à droite et à gauche, deux fontaines en forme de coupes élevées poussent à une grande hauteur leurs eaux qui retombent en gerbes. Les faits suivans pourront donner une idée de son étendue. Nous vîmes une fois trois mille hommes sous les armes en face de la basilique et la place paraissait absolument vide. A la fête du Saint-Sacrement, la procession se déploie sous la colonnade et met trois bonnes heures à en parcourir la circonférence.

La façade de Saint-Pierre est immense, mais n'a pas d'autre mérite : le dessin est loin d'en être beau. Au-dessus on voit s'élever la coupole surmontée d'une *lanterne* avec sa boule et sa croix. La boule paraît d'en bas grosse comme une tête d'homme, et seize personnes peuvent se placer dedans en se gênant un peu. Nous y montâmes seuls, et nous nous promenions dedans assez à notre aise : une échelle appliquée à la croix donnait autrefois aux amateurs le moyen de s'élever au point culminant de ce prodigieux édifice ; le gouvernement, par prudence, a défendu ces ascensions, et nous ne pûmes jamais obtenir de notre guide qu'il nous laissât tenter l'aventure.

Avant d'entrer dans la basilique, on se trouve sous un portique dont les dimensions suffiraient à une belle église. Là se voit la porte murée qui ne s'ouvre qu'aux jubilés.

Le premier coup-d'œil de Saint-Pierre

étonne et saisit, mais ne révèle pas l'immensité de cet édifice colossal. Toutes les parties
en sont si bien liées par leurs harmonieuses
proportions, que le regard est trompé : il faut
se faire un point de comparaison; mesurer,
par exemple, l'espace de deux piliers, ou la
hauteur de quelque corniche, alors seulement
on juge de l'ensemble. Émile fit faire à ses
amis l'expérience banale et cependant toujours surprenante des bénitiers. Comme dans
toutes les églises, ces vases sont placés assez
près de la porte, appuyés à un pilier. Quand
on entre, les anges qui supportent les conques.
paraissent de médiocre grandeur; êtes-vous
proche, il faut lever le bras pour prendre l'eau
bénite, et les deux mains ne peuvent embrasser le poignet du *petit ange*. Le même effet se
reproduit d'une manière sensible à la *Confes-
sion de saint Pierre*. On appelle ainsi la pré-
cieuse relique du tronc du prince des apôtres,
qui, enchâssée dans un siége d'argent doré, est
supportée par quatre statues colossales en
bronze, représentant les évêques de l'église
grecque et latine. Ce groupe est au fond de
l'église et termine la grande nef. Pour juger
de l'effet et du mérite des figures, je m'étais
placé à une certaine distance, assez avant ce-

pendant dans ce dernier bras de la croix; après
avoir satisfait ma curiosité, il me vint envie
d'observer de près le travail des tiares appli-
quées au piédestaux, et je fus fort surpris
quand, malgré ma haute taille, je pus à peine
les atteindre avec la main.

Le maître-autel est sous la coupole. Le
Saint-Père seul ou ses mandataires y peuvent
célébrer les saints mystères. Un baldaquin de
bronze élevé dans les airs sur quatre énormes
colonnes torses de même métal, le recouvre
et décore noblement la tombe des saints
apôtres.

Ce morceau fut fait avec les lames de bronze
enlevées au Panthéon : il est d'une fort belle
exécution, mais je n'aime pas à le voir au
milieu du temple dont il rompt la perspective. Sous les bas-côtés, dont les parois sont
tout incrustées d'une riche marqueterie de
marbres, on voit bon nombre de tombeaux
de souverains pontifes. Plusieurs sont très remarquables. On admire surtout celui de
Paul III, par le cavalier Bernin, celui de
Clément XIII, par Canova, et un bas-relief
du même auteur à la mémoire de Jacques III.

Pie VII n'a pas été heureux. A côté des
cénotaphes, du haut desquels les souverains

pontifes en diverses attitudes nobles et animées, semblent bénir et commander le monde,
le hér s de la foi et de la résignation n'offre
sous un marbre glacé que l'image d'une dé-
crépitude sans action. M. Thorwalsen, artiste
suédois, d'ailleurs très distingué, n'a pas su
tirer parti d'un sujet si fécond en inspirations
touchantes. Sa composition cubique, trian-
gulaire et parallélique, est la chose du monde
la plus froide : qu'importe alors la perfection
des détails !

Léon XII a exigé qu'on déposât son corps
devant l'autel de saint Léon pape, sans autre
ornement qu'une simple inscription. Son
vœu a été rempli; jusqu'à présent sa tombe
est presque inaperçue, mais chacun la cher-
che avec empressement on veut payer son
tribut d'hommages à la mémoire d'un pontife
a qui les années seulement ont manqué pour
opérer de grandes choses.

Le chapitre a sous l'un des bas-côtés sa
chapelle, dans laquelle il officie tous les jours
à certaines fêtes. Un chœur portatif s'établit
tantôt dans un lieu, tantôt dans un autre, et
quelque part qu'on le place, il est comme
un point dans l'église. Plus d'une fois en parcourant Saint-Pierre, j'ai été étonné de trou-

ver les chanoines à l'office : en entrant on n'entend pas les voix.

—Mais, Emile, qu'est devenu votre enthousiasme pour *les coupoles?* Vous vous extasiez sur celle du Panthéon et vous restez froid sous celle de Saint-Pierre !

—Ah, ah! vous n'avez pas oublié celle du Panthéon, j'en suis fort aise. Levez les yeux; vous la retrouverez là-haut.

—Comment?

—Sans doute ! cette belle voûte sphérique qui forme la noble et grande église de *Sancta-Maria ad martyres* a été reproduite par le génie de Michel-Ange à cette hauteur démesurée. Le diamètre du dôme est le même que celui du Panthéon!

—Quel prodigieuse architecture !

—Et la lanterne, qui d'ici vous paraît si petite, égale la hauteur du palais Farnèse, un des plus beaux de Rome.

—On y peut monter?

—J'allais vous le proposer.

Deux balcons circulaires sont à diverses hauteurs suspendus dans l'intérieur du dôme. Nous fimes le tour de l'un et de l'autre ; puis arrivés à la lanterne, nous regardâmes en bas par une fenêtre : les personnes qui marchaient

dans l'église, nous parurent autant de marion-
nettes. Ceux qui connaissent l'église de Sainte-
Geneviève de Paris peuvent se faire une idée
de la hauteur du dôme de Saint-Pierre, quand
ils sauront qu'il a cent quarante-neuf pieds
de plus d'élévation.

Nous n'eûmes pas le temps de visiter le palais du Vatican auquel touche la basilique. Parcourir légèrement ces salles remplies des
chefs-d'œuvre de l'art nous eût paru un
crime de lèze-bon goût au premier chef ; nous
voulions procéder par ordre et ne rien perdre des jouissances que procure l'étude
méditée de ces manifestations du génie.

En passant devant une église dont la
porte était tapissée de damas rouge, Emile
invita ses amis à y entrer. Toute la nef était
tendue en étoffes de diverses couleurs, de la
voûte pendaient de gracieuses guirlandes, les
fenêtres hermétiquement fermées ne don-
naient aucun passage à la lumière, et quelques lampes allumées produisaient un demi-
jour fort recueilli. Sur l'autel, au milieu d'une
immense quantité de bougies disposées avec
beaucoup de goût, scintillait une gloire dorée
au centre de laquelle était le Saint-Sacrement :
beaucoup de monde était à genoux et priait

avec ferveur. Après avoir fait leur adoration, les trois amis sortirent.

— Quelle est cette fête?

— Ce n'est point une fête, c'est l'exposition des quarante heures. A Rome le Saint-Sacrement est perpétuellement exposé, et chaque église a son jour marqué.

— Il y avait beaucoup de monde.

— Et chaque jour vous en verriez autant. La nuit même le Sauveur a des adorateurs ; il y a une confrérie établie dans ce but. A tour de rôle un certain nombre de membres sont désignés, et viennent à l'heure où l'église est fermée aux fidèles. De pieuses méditations, des prières vocales, et la récitation de l'office du Saint-Sacrement les occupent, et, leur temps écoulé, la voiture de la confrérie les reporte chez eux.

— C'est une dévotion bien touchante.

— Et bien utile! Combien de jeunes gens conservent dans ces exercices de piété la ferveur et l'innocence, que de fréquentes et faciles occasions leur feraient perdre, privés d'un tel secours! Puisque nous en sommes sur ce sujet, je vous menerai ce soir dans une réunion qui vous surprendra...... pourvu que vous me promettiez de n'avoir pas peur!

— Oh! peur! et de quoi?

— Vous verrez!

— Ce coquin d'Emile connaît tous les bons endroits!

Après le dîner nous allâmes au café de Venise attendre l'heure opportune, et à la nuit fermée, quand Emile nous avertit, nous le suivîmes à un oratoire situé dans la même rue *del Caracita*, près de l'église Saint-Ignace. Là une soixantaine d'hommes étaient rassemblés à qui un prêtre faisait une exhortation. Nous prîmes place dans un coin. Après le discours tous se mirent à genoux, et un profond silence régna pendant une demi heure environ; puis un des assistans se leva et parcourut les rangs offrant à chacun ce qu'il tirait d'une petite cassette. Nous fûmes gratifiés comme les autres, et le cadeau consistait en une bonne discipline bien conditionnée.

— On ne vous la donne pas, dit tout bas Emile, on vous la prête pour ce soir ; vous la rendrez avant de sortir. Vous faites la grimace? .... Holà, mes amis, ne donnez pas de scandale, exécutez-vous de bonne grâce. Que serait-ce si l'on vous voyait oisifs quand chacun de si grand cœur va se travailler les épaules ?

—Travaillez si vous voulez! .... Quelle mauvaise plaisanterie est-ce là?

—Je ne plaisante pas, et vous allez voir qu'ici on ne plaisante pas non plus.

En effet, à un signal les lumières disparurent, et dans l'obscurité commença cet exercice formidable. Les coups tombaient comme la grêle; c'était un feu roulant bien nourri. Cependant on récitait le *Misere e*, *le Salve Regina*, et autres prières. Le bruit cessa et quelques minutes après les lumières revinrent. On récita quelques oraisons et on se retira en paix.

ARMAND.

Grâce à l'obscurité, je n'ai pas eu peur de donner scandale, et j'ai laissé paisiblement ma discipline sur le dossier de mon banc ; mais j'avoue que j'ai été bien édifié.

FÉLIX.

Il est certain que c'est un spectacle touchant.

ARMAND.

Et ces messieurs se touchent d'une rude manière ! Ce sont autant de saints !

ÉMILE.

Piano ! piano ! comme vous y allez ! Plusieurs d'entre eux sont vraiment des hommes d'une haute et solide piété; mais dans le nombre je ne voudrais pas jurer qu'il n'en fût qui n'ont quitté leurs plaisirs criminels que ce matin..... et pour y retourner avant peu.

ARMAND.

Fi donc !... ce sont de vils hypocrites !

ÉMILE.

Non, mon ami; ce sont des Italiens. Nous ne pouvons concevoir avec quelle mobilité ce peuple s'enthousiasme pour les objets les plus opposés. Aujourd'hui une passion les dévore, leur cœur n'y peut suffire ; demain, les voilà contrits , humiliés , et cela de fort bonne foi ;

ils pleurent, se frappent la poitrine, font des
aumônes, s'accablent de pénitences, ne rê-
vent que ciel et enfer. La *douleur*, ils l'ont;
quant au *ferme propos*... ils croient l'avoir, mais
il ne faut guère s'y fier.

FÉLIX.

Cela ne forme pas un beau caractère. On
nous accuse d'être légers nous autres Français:
mais quand chez nous un homme s'est converti,
c'est pour tout de bon. Il ne fera pas tant d'é-
clat de sa douleur; il aura un repentir calme,
plus froid, si vous voulez, mais profond et
durable : il rougirait de cette honteuse alter
native de vice réel et de piété factice.

ÉMILE.

Aussi ne vous ai-je jamais vanté le caractère
de cette nation. Si j'aime sa vivacité, son esprit, sa délicatesse de goût, j'ai fort peu d'estime pour ses autres qualités. Les Romains
surtout (vous apprendrez à les connaître) sont
le peuple le plus triste que j'aie encore rencontré. Pour avoir quelques bajoques, il n'est
pas de bassesse à laquelle ils ne se soumet-
tent.

ARMAND.

Vous les arrangez joliment!

ÉMILE.

Quand vous saurez tout ce que je sais, vous
en direz davantage. Je ne puis les appeler *Romains* sans sourire : nous sommes si habitués
à attacher une idée de grandeur colossale à
ce nom , qu'il me semble faire une burlesque
plaisanterie quand je l'applique à de pareils
individus. Je me console avec Rome antique
et Rome chrétienne : là ne manquent ni les
grandes pensées , ni les nobles inspirations.

Depuis quelques jours nous courions la ville,
attirés sans cesse par de nouvelles curiosités ;
déjà nous connaissions le Capitole, le Colisée,
les arcs de triomphe , les Thermes , les voies
antiques..... Nous commencions à nous orien-
ter parmi ces ruines , quand le bruit se répandit que le pape Pie VIII était fort malade , et
bientôt la cloche du Capitole annonça que
le trône pontifical était vacant.

Il faut rendre justice aux Romains , malgré
les diatribes d'Emile : ils sont fort attachés à

leur souverain et très capables de dévoûment. Le jugement du sévère observateur s'applique en général assez justement à la classe moyenne; le peuple lui est bien supérieur.

La mort du pape répandit dans la ville un air de tristesse et d'inquiétude : c'était une famille qui avait perdu son père. Nous eûmes aussi l'affliction convenable; mais, s'il faut l'avouer, nous ne fûmes pas fâchés de nous trouver à Rome à cette époque : les voyageurs aiment à voir.

Pie VIII mourut au Palais Quirinal : selon le cérémonial, il fut transporté le soir à Saint-Pierre : des détachemens de cavalerie, d'infanterie et d'artillerie accompagnaient la litière où il reposait, revêtu des ornemens pontificaux. Ce fut là que pour la première fois nous vîmes les Suisses en grande tenue. Ils sont habillés à la Henri IV : casque, cuirasse, larges hauts-de-chausses bicolores : la fraise au cou et la hallebarde sur l'épaule. Cet uniforme est fort pittoresque : il est fâcheux qu'ils le portent rarement. Leur costume ordinaire est si insolite, que tout le monde le trouve ridicule. Plusieurs d'entre eux tenaient des torches dont la lueur rougeâtre reflétée par l'acier des corselets, éclairait tout le cortége.

Arrivé à la basilique, le corps fut déposé dans la chapelle du Saint-Sacrement, les pieds à la grille, afin que chacun pût venir les lui baiser..... On fit ses funérailles, et on ne parla plus de lui : c'était le Pape futur qui occupait tout le monde. Ce sera Albani, ce sera Zurla, ce sera Capellari, Giustiniani : chacun, selon ses liaisons avec tel ou tel cardinal, fondait ses espérances. Cependant les Eminences arrivaient à force ; bientôt on entra en conclave au Quirinal. Dans ce vaste palais, une longue aile sur la *Via Pia* fut séquestrée à force de murs, de cloisons, de grilles, la rue fermée à ses deux extrémités par des palissades, les fenêtres des maisons opposées au palais condamnées, en un mot on n'oublia rien pour séparer les cardinaux du reste des humains. Ils entrèrent processionnellement dans le conclave, chacun suivi de ses conclavistes. Le prince Chigi, maréchal du palais, leur donna un tour de clef, et les voilà cloîtrés jusqu'à ce qu'il eussent élu un Pape. Chaque cardinal occupe un très petit appartement où il prend ses repas. Le matin, après la messe, on procède au scrutin. Dans une chapelle sont rangés autant de siéges qu'il y a de cardinaux présens. Un baldaquin les décore, symbole de la puissance souveraine qui temporairement réside dans le sacré collège. Après diverses prières, on recueille les suffrages que les cardinaux donnent par écrit; le dépouillement se fait, et si aucun n'a atteint la majorité voulue, tous les bulletins sont à l'instant brûlés. Comme on sait l'heure du scrutin, la place de Monte-Cavallo est toujours à ce moment couverte d'oisifs : tous ont le nez en l'air, et quand ils voient sortir la petite fumée du papier brûlé, *Non abbiamo il Papa oggi!* disent-ils en branlant la tête, et ils s'en vont fort contens de leur matinée. C'est alors qu'arrivent les dîners de leurs Eminences. La cuisine se fait à leurs palais respectifs, d'où partent les mets bien accommodés dans des corbeilles couvertes de toile cirée aux armes du maître, et portées chacune par deux laquais en livrée. Une ou deux voitures suivent, où se trouve le gentilhomme du cardinal. La pitance s'avance ainsi majestueusement vers le palais, où elle subit un examen rigoureux avant d'être admise. On découpe les poulets, on ouvre les pâtés, on ne laisse rien intact de ce qui pourrait receler un billet, et quand on est sûr que les plats ne sont bons qu'à être mangés,

on les fait arriver à leur destination, et le gentilhomme remonte dans sa voiture et s'en va.
Après le dîner, c'est l'heure des visites. Les
cardinaux ont distribué aux personnes qu'ils
veulent recevoir de petits bâtons violets
(couleur de deuil du sacré collège) entourés
d'un papier où sont peintes leurs armes. Il
faut le montrer au Suisse de garde pour passer
les premières portes. J'ai vu que cette précaution est, comme bien d'autres, une pure for-
malité. Son Eminence le cardinal de Rohan
m'avait fait l'honneur de me donner le petit
bâton introducteur. La première fois, je le mon-
trai solennellement à la sentinelle, puis, la
plupart du temps, je l'oubliai. et jamais on ne
s'avisa de me barrer la porte. Quand j'entrai
dans le lieu des visites, je fus assez étonné.
C'était un petit corridor étroit, avec un poêle
et une ou deux chaises. Dans une cloison
qui le séparait de la salle, étaient deux *tours*
comme ceux des religieuses. On faisait demander le cardinal ou bien ses conclavistes, selon
la visite qu'on voulait faire : la personne s'approchait du tour, et, sans se voir, on causait,
écouté par des prélats qui ne quittent jamais
le poste. Deux ou trois fois j'ai dû faire passer

des lettres et des livres ; avant d'être confiés au tour, ils furent lus et bien retournés en tout sens.

Toutes ces précautions ont pour but d'éloigner les cardinaux des intrigues qui se pourraient former au-dehors, de les préserver des influences des étrangers, d'assurer en un mot la liberté de leur vote. Elles sont fort sages, mais aussi fort gênantes, et malgré les soins du médecin conclaviste, plus d'une fois des cardinaux ont succombé à la gêne des conclaves trop longs.

Celui-ci dura une quarantaine de jours environ (1). Ce fut le 2 février, jour de la Purification, que le Pape fut élu. Nous avions entendu la messe dans la charmante église des Dominicains, et nous étions sur la place de Monte-Cavallo à *flâner* comme tant d'autres, quand nous vîmes tomber le mur de briques qui, depuis l'entrée au conclave, fermait la fenêtre. Du balcon du palais un cri s'éleva : *Il Papa è fatto!* puis un silence profond, et la voix du cardinal doyen qui proclamait Pape

(1) Comme nous écrivons ceci sans notes et sur nos seuls souvenirs, le lecteur nous pardonnera quelques omissions dans les détails.

le cardinal Capellari sous le nom de Grégoire
XVI. Les acclamations répondirent ; les portes du palais s'ouvrirent et la foule s'y préci-
pita. Nous devînmes peuple nous aussi, et à
force de pousser , de coudoyer , de brusquer,
nous arrivâmes à la salle où le nouveau **Pape**
était sur son trône. Il avait déjà reçu les hommages de ses cardinaux, et admettait au baise-
ment des pieds quiconque se présentait. Il
daigna nous sourire quand il nous vit paraî-
tre : nous l'avions connu cardinal.

Bientôt il se rendit à Saint-Pierre pour.im-
plorer le secours du prince des apôtres , et,
quelques jours après , il fut couronné dans la
basilique. Une foule immense s'y était rendue
pour assister à la cérémonie : aussi la grande nef
était-elle presque pleine ; les bas-côtés étaient
libres : on y circulait à l'aise. Nous eûmes là
une idée de l'immensité de cette cathédrale du
monde.

Après la cérémonie , nous allâmes nous établir sur la place pour recevoir la bénédiction
solennelle du souverain Pontife. Tout Rome
y était dans la partie la plus éloignée de l'é-
glise une foule de carrosses pleins de curieux ·
aux fenêtres , sur les toits , partout un peuple
avide de saluer son souverain. Nous attendîmes

assez long-temps ; puis, au-dessus de la grande
porte, dans une loge tapissée de damas, se
rangèrent les cardinaux ; le Pape parut le dernier, il leva les mains pour bénir, et tout le
peuple se prosterna dans un silence respec-
tueux.

Après la bénédiction, les cris de joie et les
acclamations s'élevèrent de toutes parts et cou-
vrirent le bruit du canon qui tonnait au château Saint-Ange. Hélas! ce fut le seul moment
paisible du pontificat de Grégoire XVI. Le
lendemain, il sut que Bologne était révoltée,
et que tout l'Etat menaçait d'une explosion
générale.

Ce fut à l'époque du carnaval qu'on tenta
de révolutionner Rome. Nous étions fort
tranquilles chez nous, quand un de nos amis
vint tout effaré nous apprendre que l'on fermait les boutiques, que chacun rentrait chez
soi, qu'il se préparait quelque chose. Le pauvre diable aurait bien voulu aussi *rentrer chez
lui;* mais il tient plus du lièvre que du lion,
et tout tremblant il s'était réfugié près de
nous qui nous trouvions à sa portée. Il nous
vint envie de voir comment s'y prenaient les
Romains pour se révolter . nous avions senti
la poudre des Parisiens, et nous nous dou-

tions bien qu'il y aurait quelque différence. En effet, après avoir accompagné notre ami jusqu'à sa porte, nous allâmes au *Corso*. Là, grande foule, grand parlage, un air mystérieux.....

— Ceci, dit Emile, ressemble assez à nos petites échauffourées de la place de l'Ecole de Droit, mais cela n'a pas du tout l'air d'une révolution!

En effet, le soir on fit quelques démonstrations hostiles, et une décharge de mousqueterie dissipa tout ce gros nuage.

Les propagandistes sont fous de vouloir révolutionner Rome et tout l'Etat pontifical : ils ont le peuple contre eux, on n'y veut pas de la révolte. A l'époque dont je parle, il n'y avait dans la ville que fort peu de troupes; à l'instant s'organisa la garde civique contre les perturbateurs; les *Transtévérins* (1) firent de leur chef une exacte police dans la cité, et il devint impossible d'y faire le moindre mouvement. La soi-disant armée qui de la Romagne marchait sur Rome à travers des peu-

(1) Habitans de la rive droite du Tibre, où est situé Saint-Pierre. C'est tout un autre peuple que celui de la rive gauche.

plades ennemies, fut défaite à Riéti par une poignée d'hommes et s'enfuit poursuivie par les huées du peuple. Il n'y a de révolutionnaires dans les Etats romains que quelques jeunes gens sortis des universités : ils croient qu'en se laissant croître la barbe et en portant moustache, ils sont devenus d'importantes personnes, et que tout doit marcher à leur guise. Mais quand on a vécu dans les campagnes, qu'on a fréquenté les paysans, qu'on les a entendus parler, on s'assure qu'une révolution est presque impossible : un coup de main, mais rien de plus. Je ne parle pas d'une invasion, c'est une autre affaire.

La première fois que Grégoire XVI sortit après les troubles, nous fûmes témoins d'une scène bien touchante. Les Montigiani (autre quartier de Rome qui rivalise de zèle et de dévoûment avec les Trasteverini) avaient été avertis. A peine le cortége du Saint Père avait-il fait quelques pas hors du Vatican, que la bannière des Montigiani se déploie; deux ou trois mille personnes l'accompagnent. Les cris de vive le Pape! vive la religion! s'élèvent, la foule avance, se précipite, la garde est culbutée; on détèle les chevaux, et ce peuple plein d'enthousiasme traîne le Souverain

Pontife en triomphe. Partout où passait le
carrosse, on s'agenouillait pour recevoir la bénédiction, partout les acclamations les plus
vives témoignaient l'affection du peuple. Ne
craignez rien, Saint-Père, lui criait-on, vous
êtes au milieu de vos enfans !

Tel est le peuple de Rome : il veut se
plaindre, murmurer, piquer son Souverain
par des pasquinades, mais il l'aime, et s'il est
attaqué, il le défend, ou du moins pleure avec
lui ; car, il est certaines agressions auxquelles
il ne peut résister.

Nous continuions cependant nos courses
et notre journalière dépense d'admiration.
Quand nous eûmes assez erré parmi les débris de la puissance romaine, nous allâmes
interroger des antiquités bien plus éloquentes
pour nous. Au pied du Capitole, près du Fo-
rum, presque en face de l'arc de Septime-
Sévère est une grotte creusée dans le roc : elle
se compose de deux voûtes pratiquées l'une
sur l'autre. Un gros mur antique aux larges
assises lui sert d'enceinte et d'appui : là, à
chaque heure du jour, on est sûr de trouver
des fidèles en prière ; c'est la prison Mamertine, où saint Pierre fut jeté avant son martyre. On a assez respecté les grands souvenirs

dont est féconde cette caverne, pour ne la
déshonorer par aucun ornement ; elle est
telle qu'elle était il y a dix-huit siècles, une
prison romaine, avec toute s n horreur. Quelle
religion que la nôtre ! Née sur la croix, elle a
eu pour berceau les prisons, pour premières
fêtes des supplices, pour temples des souterrains, et elle s'est élancée de là pour régénérer
l'Univers. Toujours combattue, elle a toujours
triomphé. La prison de saint Pierre nous rap-
pelait celle de Pie VII. Les colosses de pouvoir qui se jouaient des Papes sont tombés,
et le Pape est encore sur ce trône qu'on croit
si facilement abattre parce qu'il n'arme pas
à sa défense de gros bataillons. Sans doute
vous pourrez arracher de son palais un vieil-
lard sans défense, vous pourrez le faire mourir dans les fers, mais vous passerez, et le
Pape en dépit de vos fureurs régnera toujours sur l'univers catholique.

Emile, de la prison Mamertine mena ses
amis au Colysée. Ce n'était point afin d'en
parcourir de nouveau les étonnantes ruines.
Plusieurs fois déjà ils avaient passé des heures
entières dans cet amphithéâtre colossal, ils
en connaissaient toutes les voûtes, toutes les
galeries, tous les effets pittoresques ; Emile

voulait cette fois ne réveiller que des souvenirs pieux, et de la prison du chef de l'Eglise,
il allait au lieu du combat et du triomphe de
ses disciples

— Cette arène, mes amis, a été baignée
du sang d'un nombre prodigieux de martyrs.
Ici on les exposait aux bêtes féroces, et le
peuple non moins féroce qui couvrait ces gradins, se repaissait avec volupté de ce spectacle de sang. « Les chrétiens aux bêtes!! » était
le cri qui retentissait avec le plus de fureur
dans cette enceinte, et, prompts à satisfaire les
caprices cruels de la multitude, les maîtres
ordonnaient le supplice des innocens : on
les traînait dans le cirque, et les hurlemens
s'élevaient de toutes parts « les bêtes! les
bêtes! » et le peuple-roi n'était satisfait que
quand, broyés sous la dent des tigres et des
lions, les chrétiens avaient semé l'arène
de leurs membres palpitans..... Maintenant
les gradins sont tombés, les voûtes sont en
ruines; on n'entend plus que le bruit du vent
qui agite les herbes sur ces amas de pierres,
tandis que de pauvres femmes ou des pélerins font paisiblement le chemin de la croix
au lieu même où leurs pères dans la foi l'ont
scellée de leur sang. Quelquefois une voix

s'élève ; c'est celle d'un capucin qui, suivi
d'une foule dévote, parcourt les souffrances
de l'homme-Dieu, et rappelle à ses auditeurs
que la vie est courte. Qu'elle est frappante
cette leçon donnée sur les ruines du Colysée
par un homme mort au monde, et dont la vue
seule est une protestation contre ses illusions
et ses pompes !

Passant ensuite sous l'arc de Constantin,
nous suivîmes sans nous y arrêter les ruines
gigantesques du palais des Césars, puis nous
prîmes à gauche.

— Où nous conduisez-vous ? dit Armand
apercevant la porte de la ville.

— A Saint Sébastien, pour visiter les catacombes.

Ce sont des souterrains dans lesquels les
premiers fidèles, pour tromper la vigilante
persécution des païens, se réunissaient aux
jours de fête. On y célébrait les saints mystères, on y chantait les louanges du Seigneur,
on y expliquait la divine doctrine, on y racontait les combats et les victoires des martyrs, dont les corps dérobés aux flammes ou
à la dent des bêtes féroces, y recevaient la
sépulture au milieu de leurs frères. Ces tombeaux sont rangés le long des étroites gale-

ries. Ils consistent en des niches creusées dans
la paroi et fermées avec une pierre plate sur
laquelle est le plus souvent un signe symbo-
lique du christianisme et de ses espérances.
Quelquefois on y lit le nom du martyr et le
genre de supplice auquel il a dû sa couronne.
Nous vîmes un de ces tombeaux non encore
ouvert et dont la pierre était brisée dans un
coin : une lumière introduite par cette ou-
verture nous fit distinguer les ossemens fort
bien conservés.

Les galeries vont aboutir à des salles assez
grandes, qui probablement servaient de chapelles. Les détours de ces rues souterraines
sont nombreux, mais on ne les peut parcourir. Les sinistres accidens de curieux qui s'y
étant enfoncés n'ont jamais reparu, ont pro-
voqué une prohibition formelle de ne jamais
tenter pareille aventure. Les guides accompagnent jusqu'à certains points, et refusent
de passer outre.

C'est dans les catacombes de Saint-Sébas-
tien que saint Philippe de Néri aimait à se
retirer pour passer les nuits entières en prière.
Nous ne pouvons pas dire grand'chose de
Saint Paul, où nous allâmes après notre promenade souterraine. On nous assure que c'é-

tait une magnifique basilique, et nous le
croyons en voyant l'immensité de son enceinte, et les restes de ses colonnes dévorées
par l'incendie. Maintenant on travaille à relever ce monument, il nous a paru que bien
des années étaient encore nécessaires.

Quand on est habitué à la nudité sévère de
nos églises, on est d'abord presque choqué
de l'élégance et de la richesse déployées par
les Italiens dans les moindres chapelles.
Marbres, dorures, mosaïques, peintures à
fresque, on y prodigue tout avec trop de
profusion pour que le goût soit toujours satisfait. Très rarement on trouve des voûtes
qui ne soient pas ornées de peintures, ou de
reliefs dorés, marbrés, azurés : les piliers sont
stuqués avec art, les murs disparaissent sous
les fresques, la couleur de la pierre ne se
voit presque jamais. Dans les premiers jours,
je trouvai ce genre trop léger, trop *colifichet*;
mais, dès que mes yeux furent faits à ce luxe
qui les avait blessés, je fus forcé de convenir
que de pareilles églises sont autrement belles
que les nôtres, où par grâce on trouve quelquefois un ou deux tableaux, puis des pierres,
et toujours des pierres. Le style gothique, si
exclusivement approprié aux temples chré-

tiens, est susceptible de ce genre d'ornemens. Il a fallu une riche dose de barbarie
pour badigeonner Notre-Dame de Paris,
mais allez voir la basilique de Saint-François
d'Assise, et vous saurez dire quelle magie il
y a dans ces fresques dont elle est entièrement décorée.

Une chose nous plut extrêmement dans les
églises de Rome : c'est qu'il n'y a pas de
chaises. Il est désolant de voir dans une belle
nef, cette ignoble forêt de petits bâtons
blancs qui gâtent tout l'effet de l'architecture en faisant disparaître la perspective du
pavé. « Fort bien pour un artiste, me dira
« quelque habitué de sa paroisse, mais moi
« qui m'occupe fort peu de la perspective,
« je trouve très commode pour mes deux sous
« de pouvoir m'asseoir s'il me plaît. » J'a-
voue que c'est assez commode : mais d'abord,
pourquoi ne pas faire comme les dames ro-
maines, qui, pour entendre une messe basse,
se mettent tout bonnement à genoux sur le
pavé, parce que dans la maison de Dieu, il
n'est pas tant à propos de chercher ses aises?
Que si un office plus long arrête davantage
dans l'église, de braves gens vous louent *à la
porte* des chaises avec lesquelles vous entrez,

et qu'on fait disparaître dès que les cérémonies sont achevées. Des prie-dieu sont placés çà et là devant les chapelles, et ce meuble, susceptible de formes pittoresques, fait ordinairement un bon effet.

Les jours de grandes fêtes, les murs et piliers disparaissent sous les draperies; de la voûte pendent d'élégans festons de mousseline entrelacés avec des damas de diverses couleurs; l'or, l'argent brillent de toutes parts. Nous avons souvent admiré l'imagination des décorateurs, mais toujours nous avons été choqués de voir l'église déguisée en salle de bal; l'illusion est d'autant plus parfaite qu'un orchestre s'élève à quelqu'une des extrémités. Là s'exécute de la musique le plus souvent fort belle, mais quelquefois un peu profane. On y va comme au spectacle : nous fûmes indignés plus d'une fois de voir les *spectateurs* tourner le dos à l'autel, pour mieux jouir du concert. Heureusement, après le *credo*, il ne reste à l'orchestre que les pupitres et les contrebasses, que personne n'a envie de regarder. . . . .

. . . .

. . . .

Félix à Armand.

Spolette, 7 août 1831.

Combien vous avez eu tort, mon cher ami, de ne point nous accompagner dans notre pélerinage à Notre-Dame-des-Anges d'Assise ! Le solitaire de Monte Luco vous en fait de vifs reproches, il aurait été content de vous revoir, et la présence de M. l'abbé***, qui vous a remplacé, n'a pas suffi pour le consoler. Il se faisait, disait-il, une fête de vous taquiner un peu. Avant de nous laisser partir, il écrivit en notre faveur à **Frà Luigi da Bologna**, l'hospitalier du couvent : car il est bon, à l'époque du *grand pardon*, de retenir sa place ; autrement on risque fort de coucher dehors. Nous quittâmes Spolette le 29 juillet à neuf heures du soir, pour éviter la grande chaleur. l'abbé, qui n'a pas nos jambes, était sur un mauvais cheval, traîné à la remorque par le jeune Paoletto que vous avez connu, et qui promet d'être idiot toute sa vie. Nous marchâmes toute la nuit favorisés par un clair de lune magnifique. Malgré le sommeil qui de temps en temps portait le

nez du cavalier sur le cou de sa monture , et
rendait mal assurées les jambes des piétons, je
trouvai charmant ce voyage nocturne, surtout
quand je vins à le comparer à celui que jour
pour jour, ou plutôt nuit pour nuit , j'avais
fait l'année précédente à pareille époque , en
1830, quand je marchais en proscrit , en m'é-
loignant de Paris, obligé de dépouiller les
signes extérieurs de mon état. En 1831, je
traversais paisiblement avec deux amis un pays
plein de foi , j'étais sûr de trouver un sentiment de bienveillance dans presque tous ceux
que je pouvais rencontrer; occupé de douces pensées , je marchais vers un rendez-vous
pieux où se pressent des populations entières,
animées d'un saint enthousiasme : je prépa-
rais mon âme aux émotions qu'un pareil spectacle apporte à quiconque chérit l'Eglise de
Jésus-Christ, j'en jouissais par avance , et je
savais qu'au retour je les pourrais savourer
en paix dans la solitude....

Le jour commençait à poindre quand nous
sortîmes de Fuligno : peu à peu l'éclat de la
lune pâlit et le soleil vint animer la belle
plaine de l'Ombrie. Malheureusement, en
éclairant la nature, il ne pouvait nous laisser
inaperçus, et en vérité je ne m'étonnai point

d'exciter la curiosité de ceux que nous rencontrâmes d'abord. Nos chapeaux de paille pénétrés d'humidité et dont les larges bords nous pendaient sur les épaules, nos chaussures poudreuses, et la tournure de notre cher cavalier qui, endormi sur sa bête, suivait un mouvement oscillatoire fort irrégulier, tout était fait pour réveiller l'attention des bons payans. Nous nous remîmes en ordre de notre mieux avant d'arriver à Spello, dont nous regrettâmes de ne pouvoir alors visiter quelques raretés, mais il fallait arriver.

Nous fûmes au sanctuaire vers les six heures. Il est impossible de ne pas être frappé, quand au milieu de la plaine on rencontre la masse de l'église et du couvent de Notre-Dame-des-Anges. Là tout porte une empreinte de grandeur, qui rappelle les temps où les Paul V et les Médicis honoraient leur mémoire en l'attachant à celle des Michel-Ange et des Bramante.

L'église de Notre-Dame-des-Anges est du Vignola, élève du Bramante; la nef, très élevée et fort large, est surtout remarquable par l'élégance des proportions, et va se terminer à un chœur semi-circulaire qui est jusqu'à présent ce que j'ai vu de plus beau dans ce genre. Deux bas-côtés l'accompagnent, dont la gracieuse ordonnance fait regretter que les religieux en aient déshonoré les chapelles par des ornemens d'un goût détestable. On est choqué de voir des compositions mesquines et bizarres à côté d'une architecture si grandiose et si pure. Après Saint-Pierre, aucune église (j'en excepte les cathédrales gothiques) ne m'a autant saisi par son effet d'ensemble. Au bout de la nef et sous la coupole s'élève l'humble chapelle de la Portiuncule : on l'a conservée telle que saint François l'a laissée, sauf les peintures dont on a orné les pignons ; celui de derrière est enrichi d'un sujet du Pérugin : l'autre a été dernièrement refait par un artiste allemand qui a fort bien saisi la grâce et la naïveté de ce style ; son coloris nous a paru un peu plat (1).

. Bien que cette année l'affluence ait été

---

(1) En 1831, l'église des Anges était telle que la décrit Félix. En février 1832, un tremblement de terre la détruisit en partie. Toute la nef tomba, les piliers se renversèrent, la coupole menaça ruine, tous les murs se crevèrent. On étaya ce qui subsistait encore et on attendit les secours de la Providence. Au moment où j'écris, l'église est déjà relevée jusqu'à la corniche : la charité des fidèles a suffi aux frais énormes d'une telle bâtisse.

moindre qu'à l'ordinaire, grâce aux circon-
stances politiques, cependant quand nous arrivâmes, la place commençait à se couvrir de
pélerins. Çà et là on voyait des groupes de
femmes assises en rond, leur petit paquet auprès d'elles : on faisait sa toilette en plein
air... et quelle toilette ! On chantait, on trempait ses doigts dans une gamelle, commun
rendez-vous d'une dizaine de mains sales, et
on en tirait je ne sais quel macaroni ou autre
comestible dont on se régalait avec délices :
surtout on regardait les étrangers et on leur
demandait des *quattrini* (des liards). C'était
un mouvement d'hommes qui passaient d'un
groupe à l'autre, un murmure confus de marchands qui à l'envi nous proposaient leurs cha-
pelets et leurs médailles, un aller et venir de
restaurateurs en plein vent habiles à tenter le
pélerin, une poussière, une odeur ! Il était
bon de sortir de là; aussi nous jetâmes-nous
bientôt dans le couvent.

Frà Luigi vint nous recevoir. Dès les premiers momens nous trouvâmes en lui cette
bonté pleine d'attention, qui ne se démentit
pas un seul instant pendant les trois jours que
nous passâmes aux Anges. Ce bon religieux
est bâti exprès pour être frère hospitalier;

actif sans empressement , attentif à tout sans
importunité , il prévient les besoins et les dé-
sirs de ses hôtes, et les laisse à la fois édifiés et
charmés de ses bonnes manières. Homme,
au reste, dont l'esprit entreprenant a été
d'une grande res ource aux Franciscains des
Anges : sans lui, la maison ruinée ne se re-
levait jamais. Seul , par le crédit qu'il a su
acquérir auprès des personnages les plus dis-
tingués même dans le sacré collége , il est
venu à bout de remettre en bon état le couvent entièrement dévasté, et de lui rendre une
ombre de sa splendeur passée. Témoignage
de son zèle , la basilique de Notre-Dame des-
Anges l'est aussi de la charité romaine. Honneur à ceux qui ont contribué à conserver à la
piété des souvenirs aussi doux, aux beaux-arts
un monument aussi précieux !

Le couvent présentait un aspect assez sin-
gulier. Envahi par les paysans qu'attirait la
fête , on trouvait à chaque pas de ces braves
gens couchés dans les corridors et sur les marches des escaliers; les cours étaient remplies
d'ânes et de chevaux; partout c'était une agi-
tation qui faisait ressembler cette maison religieuse à un grand caravansérail où se serait
arrêtée une nombreuse caravane. Et ne croyez

pas que le paysan pense avoir besoin de demander une permission, de s'excuser! Non, il arrive et se place comme il peut; la maison de Dieu est la sienne; il est là au milieu de ses frères : d'ailleurs, plus d'une fois dans l'année il a accueilli le frère quêteur dans sa cabane; il a donc droit à son tour à l'hospitalité. Que si les religieux sont fervens et saints, quel immense avantage ne peuvent-ils pas tirer de cette confiance naïve! Comme il leur est facile de pénétrer des cœurs déjà ouverts! Combien puissante sera leur parole sur des hommes qui les aiment!

Nous passâmes la journée, partie à dormir, partie à courir d'un lieu à l'autre dans le couvent. Le Père Gardien avec beaucoup d'honnêteté nous servit de guide et de cicerone; nous vîmes une belle bibliothèque et plusieurs petites chapelles à chacune desquelles se rattache quelque souvenir de saint François.

Une enceinte fermée au vulgaire marque le lieu où le saint, pour vaincre une tentation, se roula parmi des épines qui instantanément se changèrent en rosiers. Je crois au miracle dont l'authenticité est appuyée sur des témoignages à l'abri de la critique : je n'ai pas autant de foi à la croyance qui donne six siècles d'existence aux rosiers actuellement renfermés dans l'enceinte. Cependant je reçus avec joie une rose que le Père Gardien cueillit exprès pour moi. Je la conservai comme un souvenir d'un acte de vertu héroïque.

Après le dîner, que nous fîmes en compagnie de quelques originaux assez comiques, le Père Provincial nous fit inviter à prendre le café chez lui. En l'honneur de la solennité et aussi en considération de la fatigue inséparable de ces sortes de concours, il avait rassemblé la plupart de ses religieux et les régalait de massepains, de vin et de liqueur. La salle était tapissée de ces bons pères au milieu desquels se développait sur un large fauteuil la large personne du *molto Reverendo*. Une face enluminée, des épaules carrées, une poitrine saillante, un ventre bien à point, attirèrent le sourire sur nos lèvres il y aurait peu à changer pour trouver là un de ces moines joyeux et gaillards que nous a dépeints Walter Scot. Et cependant quelle injustice si on jugeait ces religieux sur l'apparence ! Malgré tous ces dehors de *bon vivant*, c'est un homme austère, adonné aux fonctions les plus pénibles du ministère, et modèle de charité. Emile, placé près de lui, fut enchanté de sa conversation,

et moi, tout en m'entretenant avec mon voisin, je m'amusai à observer les détails de cet
ensemble un peu comique. La table au milieu
du salon était chargée de flacons, de verres,
de pâtisseries. De temps à autre un frère prenait d'une façon fort délicate un plateau et un
flacon, et faisait le tour de l'assemblée : chacun alors s'humectait le palais d'un vin assez
bon, et les conversations d'aller de plus belle.
Tout se passait ainsi dans une bien innocente
gaîté, quand un jeune religieux se lève et s'a-
vance vers la table. Son œil brille, sa bouche
sourit malicieusement; il porte un papier en
main. Tous les regards se portent vers lui, le
murmure des conversations s'arrête. Alors le
Père, saluant le Provincial et jetant un regard
plein de gaîté sur l'assemblée, entonne une
chanson fort jolie : c'était une petite ven-
geance poétique qu'il prenait d'un de ses confrères dont la malice l'avait attaqué d'abord.
On rit et on applaudit beaucoup. En notre faveur le poète récita une pièce dans le genre sérieux et promit d'improviser le soir sur un sujet que nous donnâmes. J'avoue qu'au premier
moment la scène me déplut un peu. Une quarantaine de religieux, des bouteilles vides et un
chanteur en tunique et en sandales ! quel coup

d'œil! En y réfléchissant cependant, je dus
convenir qu'il serait bien injuste et bien barbare de refuser quelques minutes d'une récréation fort innocente à des hommes qui,
depuis deux jours, étaient accablés de fatigue.
Figurez vous que trente confesseurs occupés
jour et nuit peuvent à peine suffire à l'affluence
des pèlerins.

C'est depuis les premières vêpres, dont la
cloche de San-Francesco d'Assise donne le
signal, qu'on peut gagner l'indulgence en visitant la chapelle de la Portiuncule. Le peuple, pressé hors de l'église, attend avec impa-
tience ; au premier coup, ils s'élancent, ils se
précipitent vers le petit sanctuaire qu'ils ne
font que traverser en saluant à leur manière
l'image de la Madone. Placés derrière une
grille, nous pûmes admirer l'élan de foi de
ces braves gens. Chez eux ce n'est pas un simple sentiment, c'est une passion, un délire.
Autrefois, nous a-t-on raconté, il était rare
qu'il n'y eût pas quelques personnes écrasées,
tant l'affluence était considérable, tant l'empressement à passer dans la chapelle était ardent. On a vu jusqu'à vingt mille personnes
courir en colonne serrée droit à la porte de la
santa casa ; là on s'étouffe, on s'écrase ; à côté

et dans le reste de l'église on circule librement. Et ce sont des cris, des invocations, des cantiques : chacun exhale sa dévotion à sa manière : heureux qui a les épaules et les côtes solides !

Notre dévotion septentrionale ne sait pas se montrer si ardente, elle rit quelquefois de ces démonstrations dont la vivacité l'étonne ; il y a cependant quelque chose de bien doux à considérer des peuples qui quittent leurs foyers et font un voyage pénible pour obtenir le *pardon de leurs péchés.*

Et le bon Frà Luigi, que faisait-il ? Nous le rencontrâmes tout triste. « Tenez, me dit-il en montrant un débris de bois, *ecco, m'hanno rotto un confessionale ! E poi, che polvere, che polvere ! Ci vorrà otto giorni !* Heureux si en huit jours il parvient à nétoyer son église !

Nos dernières paroles ont été adressées à ce bon frère hospitalier qui voulut nous embrasser avant de nous laisser partir, et qui, pensant pour nous au froid de la nuit, avait remis à Paoletto une bouteille d'excellent Madère que nous bûmes près des eaux claires du Clitunnio. A sept heures et demie nous étions à Monte-Luco. . . . .

. . . .

Depuis long-temps nous étions à Rome ;
déjà nous étions familiers avec toutes les antiquités : la colonne Trajane ne nous faisait
pas plus d'impression que celle de la place
Vendôme, et nous passions sous l'arc de Titus
ou de Constantin comme sous les portes Saint-
Martin et Saint-Denis. Nous résolûmes donc
de partir et d'aller à Naples. La grand'route
par Terracine est tirée au cordeau et parfaitement unie : jugez, lecteur, si cela pouvait
nous convenir ! Nous décidâmes de passer par
les montagnes en visitant les abbayes de Subiaco, du Mont-Cassin et la chartreuse de
Trisulti, tous lieux remarquables et par leurs
souvenirs historiques et par leurs positions
pittoresques et par les tresors qu'ils offrent à
l'amateur des beaux-arts. M. Auguste , jeune
peintre dont Emile était ami, nous voulut accompagner jusqu'à Subiaco, où il est bien peu
de paysagistes qui n'aillent passer quelques
semaines.

MACÉDOINE.

———

Nous nous mîmes donc en route un beau matin, le cœur ouvert à toutes les impressions et la bouche à toutes les folies qu'inspirent un beau ciel et un voyage de plaisir. Je ne m'amuserai pas à détailler la route de Rome à Albano; assez d'autres ont épuisé cette matière. Toutes les pierres ont été lysées, mesurées, baptisées, admirées, et franchement nous n'avons pas une forte dose de cet enthousiasme factice qui, bien déterminé à trouver tout sublime, verse des pleurs d'attendrissement devant un vieux mur, pourvu qu'il remonte au temps des Scipions. Ce qui est beau, nous le sentons vivement, mais non sur parole, et seulement parce que notre cœur y trouve quelque chose qui lui parle intimement. La croix du pauve ermite, plantée sur la montagne comme un signe d'espoir et de salut, nous plaît bien plus que les cent arcades à demi tombées des aqueducs ruinés. Les lignes en sont belles, nous le savons: elles rompent l'uniformité de la campagne romaine, elles parlent hautement d'une puissance souveraine; plus hautement encore elles parlent de son néant, et cette dernière pensée, peu approfondie par les antiquaires, est celle qui pour nous a le plus de prix.

Donc : route d'Albano, quatorze milles les pieds dans la poussière et le soleil sur le dos, une fontaine agréable au pied de la colline, le désir d'arriver et voilà tout.

Nous avons grand faim, et nous cherchons une hotellerie décente. Hélas! profitons de

celle que nous trouvons : voici venir le temps
où nous aurons assez-sujet de la regretter.
Auguste surtout doit donner vigoureusement
sur les produits de la cuisine albanaise, lui
dont l'appétit dévorant appelle sans cesse de
nouveaux repas , et qui , à peine sorti de table, marche dans l'espoir de se retrouver bientôt au milieu des assiettes. Pendant le dîner
une discussion s'élève. Emile , Félix , Armand
sont d'avis d'aller visiter les Passionnistes ni-
chés au sommet du Monte-Cavi. Auguste, pensant au déjeûner du lendemain , combat une
expédition qui lui fait redouter un jeûne. Il
parlait comme un Cicéron ; déjà ses argumens
étonnaient les trois autres, quand par malheur
il aperçoit un reste de poulet sur le coin d'un
plat . plus de discussion pour lui, son œil et
sa main s'y précipitent, il saisit la pauvre
carcasse, la retourne en tous sens, la dévore...
et pendant ce temps-là les trois orateurs plus
sobres emportent la question. Il est décidé
qu'on ira à Monte-Cavi.

Une difficulté restait à résoudre : où cou-
chera-t-on? Dans les lits d'un hôtel? c'est
bien prosaïque ! Voyons, allons demander
l'hospitalité aux Pères capucins. Quatre jeunes
gens qui font descente dans un couvent, je

5*

dis couvent d'hommes, voire même de Capucins, ne laissent pas que d'y produire un certain effet ; surtout en Italie , où, sans trop de
témérité , on peut prendre pour un brigand
tout homme qui porte avec un air équivoque
un gourdin ou une arme quelconque. Le frère
portier reçut donc assez mal les quatre pélerins. Félix lui faisait d'éloquens discours italiens, qu'Auguste appuyait à force de grima-
ces : le moine , intimidé , se tenait cauteleu-
sement derrière sa porte demi-fermée ; la
scène était ridicule , aussi Auguste se mit à
rire comme un fou, nous en fîmes tous autant
et nous laissâmes là le frère tout déconcerté.

Déjà le soleil s'abaissait, l'horizon vapo-
reux laissait incertaines ses belles lignes peu
de momens avant si pures , si harmonieuses ;
les nuages du soir voltigeaient sur la cime du
mont, tout annonçait la nuit. Le moment était
délicieux : dans un fond s'étendait, sous nos
pieds , le lac d'Albano ; son onde tranquille
réfléchissait la belle architecture de Castel-
Gandolfo ; les beautés plus sauvages et non
moins frappantes de sa rive escarpée et couverte de bois, le son mourant des cloches loin-
taines, nous apportaient une douce rêverie....
Un cri de douleur nous en vint arracher.....

c'était Armand qui, occupé à charger un pistolet, avait foulé aux pieds sa jolie pipe, compagne fidèle de tant de courses aventu reuses ! Emile le plaignit, les autres furent peu sensibles à son accident : Auguste ouvrit son Lamartine, et comme oncques Lamartine n'a trouvé de pleurs, ni de soupirs, ni de mélancolie pour une pipe, Auguste n'en dit rien non plus.

Quand on passe tranquillement l'hiver au coin de son feu, qu'on a de bonnes pantoufles fourrées, un grand fauteuil à oreilles, une porte scrupuleusement calfeutrée, on s'amuse quelquefois à lire les effrayans détails des voyages lointains. Avec M. Viaud on parcourt péniblement les déserts brûlans de l'Afrique; on se réfugie, avec les naufragés hollandais, sous les huttes abandonnées du Spitzberg : et, après avoir souffert les horreurs de la faim sur le rocher si fatal aux naufragés de la *Méduse*, on va faire un bon dîner ; alors, en découpant le rost-beef, on prononce que c'est une belle chose de voyager........ Sans doute, c'est une belle chose ! autrement, Thalès et tant d'autres sages, jusqu'à nous, n'eussent pas quitté leurs foyers pour courir le monde en vagabonds ; mais cette médaille a son revers. Dites-moi, monsieur, qui trouvez les voyages si beaux, que penseriez-vous, si, après trois heures d'une marche fort pénible, à travers des routes à demi frayées et obscures, vous n'aviez que la douce perspective de marcher toute la nuit, si mieux vous n'aimiez coucher sur une terre humide, exposé au brouillard et au vent piquant des montagnes? Serait-ce si joli à votre avis? Voilà pourtant quelle était notre position. Peu à peu nous avions perdu la vraie route, et nous marchions au hasard. De grosses pierres, des trous, des branches cassées, nous faisaient trébucher à chaque pas. De temps en temps on s'arrêtait, chacun donnait son avis qui n'avait pas le sen commun, et, après avoir bien discuté, on se remettait en marche, quitte à recommencer une délibération si féconde en bons résultats. Auguste et Emile, appuyés l'un sur l'autre, formaient l'avant-garde, Armand et Félix suivaient, et, pour éviter les faux pas de leurs amis, en faisaient d'autres plus dangereux.

A l'endroit le plus noir, on entend un bruit de feuilles froissées par des pas...... Halte-là, crie Emile, oubliant qu'il parle français, mais qui sait bien qu'un bon coup de bâton est de toutes les langues..... A ce cri le corps d'armée rejoint l'avant-garde : on observe, et dans l'ombre on voit se dessiner une forme bizarre qui lentement s'avance.... C'était un mulet, puis deux, puis trois ; quelques paysans les accompagnaient, plus effrayés que nous, surtout quand, après leur avoir dit que nous étions égarés (fable usée dans les histoires de brigands), nous nous joignîmes à eux pour prendre gîte à Rocca-di-Papa ; ce qui surtout les intimidait, c'est que, dans les mains de Félix, ils avaient vu briller le canon d'un pistolet. La précaution pouvait en effet donner à penser aux rustres, mais elle n'était peut-être pas inutile.

Quoi qu'il en fût de leur moralité, nous arrivâmes au village, où nous passâmes une nuit détestable, couchés tous les quatre sur un lit, réveillés par les chiens, les enfans, les rats, et enfin par notre hôte qui, dès trois heures du matin, vint, sous prétexte de prendre ses outils, faire un vacarme affreux. Nous fûmes aussitôt sur pied, et, sans regarder en arrière, nous nous enfuîmes de ce vilain trou.

En sortant de Rocca-di-Papa, on monte par un sentier rapide au Monte-Cavi. A mesure qu'on s'élève, la vue devient magnifique :

la campagne plate et désolée n'offre qu'un point qui puisse arrêter l'œil, mais ce point est Rome: tout autour le désert, à l'horizon la mer, ou des montagnes dont les chaînes semblent fuir à l'infini. Des brouillards nous dérobèrent d'abord quelques parties de ce spectacle, et nous n'en pûmes jouir entièrement que quand nous eûmes entièrement gravi la montagne. L'admiration de la nature est une fort belle chose; comme un autre, j'aime à laisser aller mon âme à ses impressions sublimes ; mais comment le faire, quand on entend à chaque instant répéter qu'il est temps de déjeûner? Il faut quitter les champs de la rêverie et retomber sur la terre, et même dans un réfectoire, si faire se peut.

Celui des frères de Monte-Cavi n'est pas beau, non plus que le reste du couvent. Nous y trouvâmes du jambon, des pommes et du fromage, nourriture simple et digne de dévots pélerins. Les Passionnistes sont fort édifians, leur vie est austère, leur zèle infatigable, leurs habitudes régulières, leurs paroles douces et meilleures que leur vin. Le repas fini, nous allâmes entendre la messe ; jamais peut-être n'ai-je éprouvé plus d'émotions douces que dans ce petit sanctuaire isolé. Un silence profond régnait, troublé seulement par la voix solennelle du prêtre : nous étions là séparés de tout l'univers, seuls avec notre Dieu. Oh! me disais-je alors, heureux celui à qui il est donné de vivre ainsi loin du tumulte ; où les hommes le quittent, il trouve son Dieu et en jouit avec une plénitude plus parfaite. Son âme n'est pas affligée par le contact continuel de tout ce qu'il y a d'impur dans les passions des hommes : s'il voit de loin leurs agitations, ses yeux se tournent de suite vers le ciel, et pour lui la terre n'est plus rien!...

Valmontone était le lieu d'étape fixé pour le repas : la route est pénible et assez longue, Auguste demandait déjà à manger que nous avions encore la moitié du chemin à faire. Une source pure et fraîche se présenta, il y courut, et nous en profitâmes tous. C'est une douce chose qu'une source quand on voyage à pied! Le touriste, rapidement entraîné dans une chaise de poste, ne sait point apprécier ce bonheur : pour lui une onde murmurante n'a de prix que dans les églogues : mais celui dont la langue desséchée peut à peine quitter le palais, oh! qu'avec joie il voit le ruisseau s'échapper du rocher, comme il s'en approche avec ardeur, comme il sent, avec le li-

quide bienfaisant , couler dans ses veines la
force et la vie ! Comme vous , ô gourmets
habitués de Desmares et de Véry , j'ai souri
souvent au coloris des vins de l'Ermitage ou
de Côte-Rôtie , mais jamais , non jamais le
doux éclat du cristal rubicond ne m'a plu autant que la tasse de cuir pleine de l'eau pui-
sée dans la source !

En arrivant à Valmontone nous vîmes une
auberge sur la gauche : elle avait peu d'apparence , nous la méprisâmes et nous passâmes
outre , comptant bien trouver mieux dans le
pays. Trois ou quatre rues fort sales montent
en convergeant vers une espèce d'esplanade
où se trouve l'église ou le château; des corridors étroits servent de communications à ces
longs boyaux de murs , des maisons dégoûtantes exhalent une odeur nauséabonde, et
quelquefois on appelle cela une ville! Si on
me taxait de mauvaise humeur , je citerais
Anagni, Frosinone, Veroli , etc., etc., etc., et
tant d'autres bicoques dont se couvre l'État
pontifical, depuis Rome jusqu'à la frontière.
On conçoit bien que nous n'eûmes rien de
plus pressé que de redescendre à l'hôtellerie
dont nous avions fait si peu de cas.

L'*Angelus* sonnait quand , après une mar-

che fatigante , nous aperçûmes Genazzano,
qui paraît au voyageur un amas de maisons
perchées les unes sur les autres. Nous ne fûmes pas fâchés d'arriver : Auguste qui déjà y
avait passé . nous faisait fête d'un bon souper
et d'un bon lit. Avant d'aller à l'auberge, nous
entrâmes dans l'église où l'on vénère une
image de la sainte Vierge , sous le nom de
Notre-Dame-de-Bon-Conseil. Chaque année
la fête amène à Genazzano une foule de pélerins, chaque année quelque guérison miracu-
leuse récompense la foi de ces peuples. Je
pourrais, à bon marché, faire le savant à propos de cette image, car on en a beaucoup écrit ;
mais c'est une gloire que je n'ambitionne pas, ,
et j'aime bien mieux, mêlé avec le peuple
dans la pieuse chapelle , prier avec joie de
cœur l'amie des pauvres et des affligés. Il est
doux , pour qui voit dans l'homme autre chose
qu'un *consommate..r* ou un *producteur*, d'assister à ces scènes de dévotion populaire.

A l'heure où le travail a cessé, la cloche appelle les habitans à la prière ; en foule on les
voit accourir : rassemblés sur la place , ces
hommes endurcis par la fatigue s'arrêtent
un moment et parlent des intérêts de la vie;
là se racontent les projets , les succès, les re-

vers ; c'est un peuple comme le nôtre. Mais à peine le dernier signal est-il donné , la place reste déserte et silencieuse, tandis que du sein de l'église remplie tout-à-coup, s'élève un concert rustique. Les accords en sont durs et peu mélodieux, mais il y a là un accent de foi plus délicieux que toutes les mélodies de l'art. La religion vit dans ces âmes, et son expression est simple comme elle : long-temps retentiront à mon cœur les litanies chantées devant la madone de Genazzano !

Nous fûmes un peu désappointés de trouver l'auberge pleine de monde.

— Messieurs, dit Emile, après avoir laissé un moment en peine ses compagnons de voyage , Auguste voulait être notre guide , je lui en laissais le plaisir ; c'est à moi maintenant qu'il appartient de vous loger : venez. Nous allâmes à une maison d'assez bonne apparence , la porte était ouverte , nous entrâmes sans façon : sur l'escalier était une petite fille de onze ans, qui s'enfuit.

— Tu as peur de moi, Anna? Tu oublies bien vite tes amis !

L'enfant se retourna et en rougissant vint saluer Emile. Dans la cuisine était toute la famille, qui nous fit fête quand elle sut que nous venions y loger. Francesco, maître de la maison, est un bon homme qui ne dit pas grand chose, il n'a de relief que par la place qu'il tient au coin de la cheminée; Rosa, sa femme, n'est plus jolie, mais a un air de bonté et d'affabilité noble; elle est heureuse d'obliger, et chacun de ses mouvemens trahit ce contentement de son cœur. Deux fils n'ont rien de remarquable, les deux filles, au contraire, sont fort jolies, et surtout. parfaitement bien élevées; il est difficile de voir réunies plus de grâce et de modestie. L'aînée a dix-sept ans environ, et pénétrée des bons principes et des exemples de sa mère, se tient avec une réserve parfaite; Anna n'a point encore compris qu'il faut être réservée : c'est la petite fille avec toute sa naïveté. Charmée de voir des étrangers, elle fixe sans façon sur eux ses jolis yeux, et leur sourit quand on la regarde. Si l'attention ne se porte pas sur elle, mille petites mines servent à l'attirer. Jolie sans le savoir, elle est presque coquette sans connaître la coquetterie; un seul mot répond souvent aux phrases qu'on lui adresse, mais ce mot a tant de grâce qu'il charme. Charmante enfant, puisse-t-elle conserver cette pure fleur de candeur et de simplicité!

Cette maison avait quelque chose d'incompréhensible : c'étaient des paysans, mais dans leur mise, dans leurs manières on voyait un je ne sais quoi de plus distingué, leur langage était pur, leurs sentimens délicats. L'ameublement présentait un mélange d'aisance et de pauvreté; des fauteuils de tapisserie devant des tables de bois blanc; dans une jolie cassette d'ébène à filets d'ivoire, de vieux bas à demi raccommodés, des verres de cristal sur la table, et le vin dans des pots.

— Mes amis, s'écria Armand pendant le souper qui fut servi par Anna dans une salle d'en haut, tout est mystère ici, mais je vais vous donner la clef. Nous sommes chez un marquis ruiné par les révolutions auxquelles ses ancêtres ont pris une part active. Le château porte à tort les armoiries des Colonne; ici, ici est le véritable maître! Versez-moi un autre verre de vin pour éclaircir les idées, et je vous raconte cette histoire.

AUGUSTE.

Sans doute M. Armand a une imagination assez riche pour improviser la catastrophe de son marquis; je crois cependant qu'Emile est plus à même de nous dire la vérité sur cette famille qui, je l'avoue, m'étonne aussi.

ÉMILE.

C'est une histoire assez courte. Francesco a été très à son aise, on peut même dire riche. Peu après son mariage, il fut pris par des voleurs qui l'entraînèrent dans leur repaire, et là, le pistolet sur la gorge, ils le forcèrent à signer des obligations dont la somme suffisait pour anéantir sa fortune. De plus, on écrivit à Rosa que si elle voulait revoir son mari, il fallait donner ses bijoux et son argenterie. Au prix de tant de sacrifices, le malheureux obtint la vie et la liberté, il revint dans ses foyers, mais il n'était plus lui-même. Les mauvais traitemens et l'état d'angoisse où il fut pendant plus d'un mois, continuellement entre la vie et la mort, ont fait baisser ses facultés. Il est incapable de rien entreprendre pour relever sa fortune, et sa famille réduite à la pauvreté, n'a plus que le souvenir d'un état plus prospère et la paix d'une bonne conscience. Leur résignation est admirable : plusieurs fois j'ai passé par ici, et jamais je n'ai entendu un mot de plainte ou de regret ; c'est par d'autres que j'ai connu leur infortune.

FÉLIX.

On voit bien qu'ils ne sont pas faits.....

ARMAND.

Parbleu ! si, ce sont des marquis ! Voyez au haut du plafond ce gros clou : là s'attachait le dais aux jours de réception ; les pages se tenaient rangés ici, de ce côté.....

ÉMILE.

Laissez un peu vos folies et écoutez un trait qui ne peut vous déplaire. La première fois que je vins ici, je marchais à pied avec deux de mes amis. Nous fûmes adressés à Francesco par le curé qui nous désigna comme des *pélerins*, gens, vous le savez, assez mal fournis d'argent pour l'ordinaire. Nous trouvâmes ici toute la prévenance, tout l'accueil qui vous a tant plu aujourd'hui, et le lendemain quand nous voulûmes payer cette dépense, j'eus toutes les peines du monde à

faire accepter à Rosa ce que je lui offrais.
Dans une seconde course je m'arrêtai ici avec
un compagnon de voyage; cette fois Rosa
accepta sans difficulté. « Avec vous, me dit-
« elle, je ne fais plus de cérémonies; mais,
« sachez bien que si vous partiez sans rien
« m'offrir, sans même me remercier, je se-
« rais encore contente de vous avoir reçus. »

AUGUSTE.

Ma foi! je regrette bien de ne les avoir pas
connus plus tôt !

FÉLIX.

A propos! Chemin faisant, pourquoi, monsieur Auguste, feigniez-vous de ne point connaître la route, si déjà vous êtes venu à Genazzano?

AUGUSTE.

D'honneur, je ne la connaissais point. Je
suis venu ici de Subiaco, et je suis retourné
à Rome par Palestrine, où, par parenthèse,
vous auriez bien dû passer, au lieu de courir

ces montagnes qui ne disent rien. Là vous auriez vu les restes d'un temple de la Fortune, qui font l'étonnement de tous les voyageurs, un pavé en mosaïque extrêmement curieux, une voie antique si bien conservée que pendant deux milles on voit encore sur les dalles l'étroite ornière formée par les roues des chars. J'avais entendu parler à Subiaco de la fête de cette Madone, et sachant que tous les montagnards y affluaient, j'y suis venu pour copier des costumes. Il pleuvait, les sentiers que nous allons parcourir étaient presque impraticables, et cependant je ren contrai plusieurs bandes qui récitaient im perturbablement leur chapelet tout en marchant dans la boue jusqu'aux genoux. Chaque compagnie a son *caporal*, comme ils l'appellent, auquel tous doivent pendant le voyage une obéissance parfaite : il fixe les lieux d'étape, règle la marche, punit les délinquans, c'est un vrai souverain. Il précède la colonne avec tous les hommes ; suivent les femmes, qui sur la tête portent dans de grandes corbeilles leurs beaux habits et ceux de leurs mari, frère, père, etc. Arrivés au village, leur première visite est à la Madone, puis ils vont se loger. Le jour de la fête, vous ne pouvez vous imaginer quel coup-d'œil délicieux présente l'église. Chaque pays a son costume différent, et tous rivalisent de pittoresque, d'élégance, de richesse. J'en ai rempli un album. Quand ils veulent partir, ils remettent les vêtemens de voyage et, le bâton à la main, viennent saluer la Madone. Les plus dévots, pour ne pas lui tourner le dos, marchent à reculons jusqu'à la porte, d'autres se traînent à genoux, et cela toujours en chantant des cantiques, soit qu'ils arrivent ou qu'ils partent.

Le lendemain, Auguste nous mena chez le curé du lieu, moins pour lui faire visite que pour nous causer une surprise. En entrant, nous vîmes un portrait vers lequel nos regards restèrent fixés pendant qu'Auguste causait avec l'original. Enfin Emile s'écria :

Est-il possible qu'à Genazzano on fasse de pareils morceaux !

Oui, répondit le curé, quand M. Vernet y vient. Il a fait mon portrait en se jouant, et tout le monde dit que c'est un chef-d'œuvre de vigueur, de coloris, de naturel.

Nous prîmes ensuite congé de nos hôtes, à qui Emile dut témoigner notre reconnaissance. Le *marquis* nous disait que sa maison

était la nôtre, que nous étions amis; on l'é-
coutait sans défiance, quand tout-à-coup il se
rue sur Armand qu'il avait à portée et l'ho-
nore d'une accolade fraternelle. Ainsi furent
punies ses éternelles plaisanteries sur ce brave
homme.

Soit que nous nous fussions trop arrêtés à
Genazzano, ou qu'Auguste. à force de prendre
des croquis, nous eût fait perdre trop de
temps, nous avançâmes peu ce jour-là, et la
nuit nous surprit proche du couvent isolé de
Civitella.

Nous y serons mal, dit Emile, mais il est
trop tard pour aller à Saint-Vito : il faut nous
arrêter ici.

Sous un portique obscur et étroit étaient
rangés des voyageurs qui comme nous ve-
naient avec confiance demander l'hospitalité.
Le frère portier connut que nous n'étions pas
des mendians et nous introduisit dans le cloître où nous dûmes attendre le Père gardien.
Le crépuscule répandait une lueur douteuse
dans cette petite cour entourée de misérables
bâtisses; l'aspect n'en était nullement gai.
Armand en reçut une impression lugubre qui
détrempa de noir toutes ses idées; Auguste
jugea que le souper serait mauvais; Emile,

assez insouciant sur les choses de la vie, s'assit
sur une pierre, pendant que Félix se livrait
à de graves réflexions. Le Père parut enfin :
religieux dont l'extérieur annonçait une extrême mortification; quelques mots au par-
loir, puis l'invitation de prendre un peu de
nourriture. Emile avait eu raison de dire que
nous serions mal, si toutefois on est mal quand
on est reçu avec charité. A Civitella on ne
vit que d'aumônes, on ne sait pas si l'on aura
du pain pour toute l'année, mais le peu qu'on
a on le partage volontiers avec celui qui le
vient demander : on n'a pas oublié que le recevoir, c'est recevoir Jésus-Christ lui-même.
Nous allâmes au lit aussitôt après le repas,
car que faire dans ce petit réfectoire obscur?
Quand vers le milieu de la nuit la cloche annonça que de la solitude allait s'élever l'en-
cens de la prière, nous nous rendîmes au
chœur où nos voix s'unirent à celles des frères. Leur psalmodie lente et triste me rappela
le gémissement de l'Israëlite déplorant son exil
dans la terre étrangère, jusqu'à ce que l'hymne
de la gloire, le *Te Deum*, entonné sur un ton
plein d'allégresse et de grandeur, porta ma
pensée au jour où, quittant la terre de Baby-

lonc , nous pourrons saluer Sion de nos acclamations triomphantes.

Le lendemain nous assistâmes à la messe ,
pendant laquelle un des Pères était occupé à
entendre les confessions des pauvres habitans
de la montagne. Du moins ceux-là sont sûrs
de trouver des amis! Leurs peines ont des
consolations, leurs travaux un appui. Ils abor-
dent avec confiance les pauvres religieux qu'ils
ont vus souvent gravir les rochers pour venir
sous l'humble toit assister le malade, et parmi
ses douleurs , verser dans son cœur des dou-
ceurs ineffables. Ils font avec eux une même
famille, dont un amour plus puissant que celui de la chair a resserré les nœuds.

Auguste nous conduisit à Subiaco au rendez-vous des artistes, où nous trouvâmes nombreuse compagnie de peintres français , italiens, allemands. A peine eûmes-nous pris un
costume plus décent, que nous partîmes pour visiter les deux couvens du *Sagro Speco* et de
Santa-Scolastica. Le premier est bâti sur la
grotte où séjourna saint Benoît avant de fonder
son ordre; l'autre est un des douze que le saint
patriarche avait établis autour de sa demeure.
La position de Sagro-Speco est effrayante.
Des rochers presqu'à pic laissent à peu près

à la moitié de leur hauteur un plateau asset étendu qu'occupent à présent les bâtimens et l'église. Bâtisse hardie, menacée par les masses énormes de pierres qui la dominent, elle semble suspendue sur le bord d'un abîme. De toutes parts des montagnes boisées forment un horizon très borné, excepté du côté de Subiaco où le regard, s'échappant entre les rochers, peut s'étendre sur une riante vallée. Au pied bouillonne le *Tevcrone* qui, se précipitant de cascades en cascades, roule à travers mille obstacles ses ondes écumeuses. Une paix profonde, un calme plein de grandes choses, environnent le saint lieu. C'est là que, pendant quinze années, saint Benoît, à l'âge où les hommes ouvrent avec avidité leur âme aux jouissances des amours de la terre, trempait fortement la sienne dans la contemplation de l'éternelle beauté. Son génie, fort de toute la puissance de la foi, méditait la réforme du monde et le peuplait déjà d'une génération d'homme au cœur vaste, au courage invincible. Que sont-ils devenus? Hélas! autrefois ils marchaient à la tête de la société subjuguée par l'ascendant de leurs vertus et de leurs sciences; maintenant à peine reste-t-il quelques successeurs de leur nom!

Plus l'abbaye nous offrait de vestiges de grandeur, plus nous sentions qu'il y manquait des hommes : il fallut en prendre notre parti et nous consoler avec les siècles passés. La sacristie est pleine d'excellentes peintures.

La grotte de saint Benoît est convertie en chapelle; on a respecté ces rochers consacrés par la présence du saint : leur masse noirâtre sert de voûte à l'autel.

L'abbaye de Santa-Scolastica est d'un style beaucoup plus riant. Les bâtimens en sont modernes et fort élégans. Noviciat de l'ordre, nous y avons vu des jeunes gens dont les manières révèlent la naissance et l'éducation soignée. Nous avons trouvé là les Bénédictins, comme dans toutes leurs abbayes, pleins de politesse, d'attention, d'urbanité. Nous leur fîmes plus d'une visite avant de partir pour Monte-Cassino. Emile fit dessiner à Armand une Madone qu'il est de rigueur d'avoir dans son porte-feuille quand on a été à Subiaco. Nous embrassâmes ensuite Auguste et nous nous mîmes en route.

En sortant de Santa-Scolastica, la route descend au bord de l'Aniello, et suit fort long-temps ses détours dans une gorge longue et étroite. Après six heures de marche environ, nous arrivâmes à Trévi, grand village où pour déjeûner nous trouvâmes du pain assez blanc et de mauvais vin. L'eau du torrent nous parut meilleure ; quoique frappée par un soleil ardent, elle a encore là toute la fraîcheur de sa source qui n'est pas éloignée, et doit être considérable, puisqu'à Trévi la profondeur et la rapidité du courant ont obligé à faire un pont. La rive gauche est formée par la base d'une très haute montagne toute de pierres, nous la gravîmes avec peine ; les cailloux roulans rendaient la marche difficile, et les roches blanches réverbéraient la chaleur et la lumière, au point de nous faire tourner la tête. Arrivés au sommet, nous nous assîmes un moment sous une espèce d'arc de triomphe fort bien bâti et assez bien conservé pour que sa date soit récente. L'architecture en est si simple et si dépourvue de caractère qu'on ne peut asseoir aucune conjecture sur le temps de son érection, et sa position bizarre sur la crête aiguë d'une montagne, au milieu des rochers, laisse tout-à-fait ignorer quelle a pu être sa destination. La route, sur les deux flancs de la montagne, est un misérable sentier tortueux plus fait pour les chèvres que pour les triomphateurs ; nous n'avions personne à

interroger , en sorte, cher lecteur, que nous ne
pouvons vous en dire davantage. Si vous avez
de l'imagination et du goût pour les châteaux
en Espagne, exercez-vous , nous vous livrons
le fait.

A Guercino, où nous dinâmes fort mal, à
peu près comme nous avions déjeûné , on
branla la tête quand on nous entendit parler
de Trisulti. Vous n'y arriverez pas à temps ;
nous dit-on ; les moines, dans cet endroit sau-
vage, sont exacts à fermer leur porte de
bonne heure , et après le coucher du soleil, ils
n'ouvriraient pas au Père éternel.

Nous hésitâmes un moment, mais l'hôtellerie était si sale que nous résolûmes de forcer
le pas , de courir s'il fallait, afin de coucher
à la Chartreuse. Nous partîmes en effet de
grand cœur, l'espace disparaissait sous nos
pas, c'eût été superbe si nous avions pu soutenir une pareille course , mais les forces hu-
maines ont leurs bornes. Nous marchions
depuis huit heures au moins sous un soleil
dévorant, nous n'avions presque rien mangé :
le dernier effort nous fut fatal.

— Ma foi, je n'en puis plus, s'écria Armand ; arrêtons-nous un moment!

ÉMILE.

Le soleil baisse, nous n'avons pas trop de temps.

FÉLIX.

A la bonne heure, mais il faut respirer un peu, je suis tout en eau!

Emile eut beau dire, ses deux amis voulurent absolument ôter leurs sacs, et s'asseoir sous une roche. Eh bien, reprit-il, je vais aller en éclaireur; suivez-moi de loin et à votre aise. Si je puis arriver à temps, j'espère qu'on ne fermera point la porte.

ARMAND.

Vous n'êtes pas fatigué? Vous êtes bien heureux!

ÉMILE.

Je suis fatigué sans doute, mais je ne suis pas rendu : il s'agit d'ailleurs de ne pas cou-

6*

cher à la belle étoile dans des montagnes fort mauvaises. Adieu.

Et il partit au pas de course. Il va, il va, et à chaque moment il donne un coup-d'œil au soleil, qui sensiblement s'approche de la cime des monts : enfin l'astre disparaît et Trisulti ne se voit point. En avant ! Dussè-je crever, j'arriverai !

— Oh ! jeune homme, vous avez trouvé la moitié de votre fortune !

— Comment cela ?

— Vous avez rencontré un compagnon de voyage.

— Je vais trop fort pour vous.... au revoir.

— Bah ! je marche bien aussi, moi !

Emile n'était pas trop content du *compagnon de voyage*. C'était un homme de taille moyenne, trapu, aux épaules carrées, à la poitrine saillante. Son visage bronzé était orné d'une barbe courte et frisée, ses cheveux touffus lui tombaient jusqu'aux yeux : il portait une espèce de tunique faite de peaux de chèvres, des caleçons larges venant à moitié des cuisses, et pour chaussure il avait deux morceaux de cuir avec son poil, fixés à la

plante du pied au moyen de ficelles qui, s'en-
roulant autour de la jambe jusqu'au mollet, y
retenaient des bandelettes destinées à faire
l'office de bas : un chapeau pointu, et un
gros bâton à la main. Ce n'était point le cos
tume qui frappait Emile; il s'était habitué à
le voir dans les Abbruzzes où il est de mode :
mais la figure de l'ami ne disait rien de bon.
—Après tout, il est seul; s'il m'attaque, nous
verrons!

— Peut-on savoir où vous allez si vite?

— A Trisulti. En suis-je loin?

— Encore une heure et demie, et bonne.
Vous n'entrerez pas : la porte sera fermée
d'ici à une demi-heure.

— Ils m'ouvriront peut-être.

Et l'homme fit entendre ce son inarti
culé qui veut dire : j'en doute fort! Après un
bon quart d'heure de silence et de marche :

— Eh, jeune homme, quand je vous dis
que vous n'arriverez point! A quoi bon vous
essouffler? prenez y garde au moins, on at
trappe vite une fluxion de poitrine... donnez
moi votre sac, je vous le porterai.

— Non, merci, je le porte bien moi-même..
Vous connaissez Trisulti?

— Parbleu , si j'habite ces montagnes. Et

ils me connaissent bien aussi les moines! Je
veux vous accompagner jusqu'à la porte,
peut-être vous ferai-je ouvrir.

— Et s'ils n'ouvrent pas, y a-t-il quelque
maison, quelque cabane aux environs?

— Non; la cabane la plus voisine est celle
dont je suis sorti pour vous rejoindre, là-bas
sous cette touffe de chênes.

Emile marchait toujours sans trop savoir
s'il faisait bien. Il n'avait pas encore pu porter un jugement physionomique sur le montagnard, qui tour à tour semblait un brigand
et un honnête homme. Qui pouvait deviner
si le compagnon n'exagérait pas la distance
et la difficulté, pour attirer le voyageur dans
une cabane solitaire où d'un coup de sifflet il
rassemblerait une armée de vauriens? Et puis
quel abri que celui-là ! A la Providence !

— Venez par ici, nous gagnons deux milles.

Il indiquait un fourré de bois sur une pente
extrêmement rapide, au pied de laquelle cou-
lait avec bruit un torrent à chaque instant
brisé par les quartiers de rochers.

— J'y suis, il faut courir la chance, se dit
Emile; marche, je te suis. Ce disant, il prend

un pistolet, l'arme et se le met dans la ceinture; l'homme le regarde faire avec un air de totale indifférence. Il n'y avait pas de sentier tracé; on sautait d'une souche à l'autre, on glissait sur l'herbe, on s'accrochait comme on pouvait aux branches : à un certain point le montagnard s'élança sur une petite corniche de pierres en saillie, large d'environ dix pouces et rompue çà et là; au-dessous mugissait le torrent à plus de cinquante pieds; Emile le suivit attentif à poser le pied où l'avait posé son guide, et malgré l'obscurité et la difficulté du chemin, il s'en tira sans accident. Arrivés au bas de la côte :

—Allez toujours, je vous rejoins.

Emile passe l'eau sur des pierres alignées d'une rive à l'autre, et du coin de l'œil voit son camarade s'aboucher avec trois gaillards de son espèce.

— Me voilà pris! Qui sait si je suis sur le chemin de Trisulti? ... Et puis dans ces ravins on vous dépêche un homme!... avant de savoir d'où l'on m'attaque, je puis recevoir deux ou trois balles... qu'y faire? .... il n'y a qu'à marcher toujours et dire l'acte de contrition pour se disposer à la mort en cas de besoin.... allons!

La fatigue, le besoin, l'inquiétude rendirent pénible au pauvre Émile la route qu'il fit assez long temps abandonné à ses pensées solitaires et peu agréables ; enfin il découvre un gros bâtiment.

— Dieu soit béni !

Et il retrouve sa vigueur, et le sang circule avec plus d'activité dans ses veines. Le voilà à la porte, l'horloge sonnait une heure et demie de nuit.

— Le montagnard me l'avait bien dit... Frappons.

Les coups retentissent dans le silence universel, l'écho les répète : dans l'intérieur rien ne bouge. Il redouble, c'est en vain ; il ne se lasse pas, et le traître de frère portier s'obstine à ne pas répondre. Désespéré, le pauvre voyageur allait et venait devant la porte, pour résister au froid qu'il sentait pénétrer peu à peu. Que devenir ici ? Nous arrêter, c'est nous donner le coup de la mort ; marcher..., les jambes en ont assez, et puis où aller ? Si ces moines ont leurs raisons pour ne pas ouvrir, ils devraient au moins bâtir une petite cabane, laisser un peu de paille... Et mes deux jeunes gens ! ils sont robustes, mais peu habitués à ces brusques passages

d'une chaleur brûlante à un froid glacial..... Ils
étaient fatigués.. S'il leur était arrivé mal...
S'ils n'avaient pas trouvé la route.....

Pauvre Emile, tu passes là une cruelle demi-
heure !

— Est-ce vous?

— C'est moi.

— Ah ! vous aviez bien raison ! on n'ouvre
pas.

— Attendez. Oh, oh ! Frà Placido ! ohè.

— Qui est là ? dit une voix à travers la
porte.

— C'est moi, Sisto !

— Et que veux-tu à cette heure..... es-tu
fou ?

SISTO.

Je vous amène un voyageur, un galant
homme qui est venu exprès par dévotion à
votre saint Bruno. Ouvrez; Dieu vous le
rendra !

PLACIDO.

Tu le connais ! hein !

SISTO.

J'ai voyagé avec lui.

ÉMILE.

N'ayez pas peur : je vous assure que dès
que j'aurai parlé au Père Prieur, il sera fort
content que vous m'ayez ouvert.

FRA PLACIDO.

Ah, ah ! vous êtes étranger ?

ÉMILE.

Oui ! je suis Français

FRA PLACIDO.

Bien faché !.... je n'ai pas les clefs.

Emile et Sisto eurent beau faire, il fut impossible de rien obtenir de ce cerbère mona-
cal; sans plus répondre à leurs instances, il se
retira, et les laissa crier, frapper et pester
tant qu'ils voulurent.

SISTO.

C'est inutile..... Venez avec moi. Mon troupeau de chèvres est là-haut, je vous donnerai du lait : je porte avec moi justement un peu de pain ; nous ferons du feu... que voulez-vous? Sisto est pauvre, mais ce qu'il a, il le donne volontiers pour l'amour de Dieu et de la Madone.

ÉMILE.

J'accepte votre offre, mon ami. Dès que les deux compagnons que j'ai laissés derrière seront arrivés, nous vous suivrons.

Quand Armand vit cette figure et entendit la proposition :

— Y pensez-vous, Emile? Cet homme-là va nous conduire dans un coupe-gorge!

ÉMILE.

Ma foi, peu m'importe! Après tout, j'aime mieux mourir d'un coup de couteau que de froid et de faim! Déjà, à vous attendre, j'ai pris un frisson qui ne me présage rien de bon. J'étais en nage en arrivant ici.

FÉLIX.

Pauvre ami ! certes nous irons avec le mon-

tagnard..... Si on nous attaque, eh bien, nous
nous battrons, cela réchauffe !

ÉMILE.

Et puis ce brave homme n'est pas un brigand, soyez-en sûrs : voilà assez long-temps
que je cause avec lui, et sa parole naïve dé-
cèle une âme bien pure.

Sisto commença à gravir, et nous le suivîmes. La route fut longue, et plus d'une fois nous
dûmes nous arrêter appuyés sur nos bâtons.
Courage, jeunes gens, courage, nous disait
le berger : songez au Calvaire ! c'était bien
une autre fatigue pour Jésus ! Et cependant
il l'a supportée pour nous..... offrez tout cela
pour les âmes du purgatoire; pauvres âmes,
comme elles souffrent! ..... Allons, nos bons
anges nous accompagnent.....
Ainsi ce digne homme, avec une simplicité
touchante, nous suggérait les motifs de résignation auxquels il doit un peu de bonheur au
milieu de la vie la plus misérable.
Emile n'avait pas besoin de ces consolations;
trop heureux d'avoir à faire une marche pénible ! Peu à peu la transpiration subitement

arrêtée se rétablit, et il dut à ce surcroît de fatigue d'être préservé d'une maladie mortelle.

A un certain point où la montagne s'aplatissait jusqu'à ne plus former qu'une pente très douce, deux grands chiens de berger vinrent au-devant de nous en aboyant.

— Aux chèvres, vite !

Et à la voix de leur maître, ces bêtes dociles allèrent retrouver le troupeau qu'elles avaient abandonné.

ARMAND.

Où donc est votre cabane ?

SISTO.

Ma cabane ! je n'en ai point ; je couche là près de mes chèvres.

ARMAND.

Vous avez au moins un abri de feuillage, une roche, quelque chose.....

SISTO.

Non, je m'étends par terre sous le ciel que

le bon Dieu a fait pour Sisto tout comme pour les riches. Voyez comme il est beau, que d'étoiles!

FÉLIX.

Et s'il pleut?

SISTO.

Eh! mon cher monsieur, on prend patience. J'ai là huit peaux cousues ensemble, dans lesquelles je m'enveloppe. Mais la pluie est très rare dans l'été, et l'hiver je demeure en-bas, où j'ai rencontré votre ami. Oh, faisons à souper... vous aurez faim? Pauvre jeunesse! on voit que vous n'êtes pas habitués à souffrir...

Ce disant, il écarte un tas de cendres que nous n'avions pas aperçu, et découvre un beau brasier. Nous jetons dessus une brassée de rameaux secs, et une flamme brillante s'élève en pétillant. Près du foyer, trois perches plantées en terre et réunies à leur partie supérieure avec un lien de jonc, supportaient un chaudron; dessous était un grand plat de bois creusé au couteau, de petites nattes à faire les fromages, quelques haillons et un fusil.

Pendant que, tout en nous chauffant, nous avions fait ces observations sur la fortune de notre hôte, il avait de son côté trait un grand pot de lait. A peine fut-il arrivé qu'Armand s'en empara, et sans autre cérémonie but à même à longs traits. Sisto jouissait de voir le plaisir que lui causait cette boisson salutaire. « Buvez, buvez, disait-il, le lait ne peut pas vous faire de mal. » Quand nous eûmes satisfait au premier élan du besoin, le bon berger s'occupa de *faire le souper.* D'une besace il tira quelques pains noirs et lava ses doigts qui n'étaient guère blancs : il les emmietta bien fin dans le plat, puis il y versa assez de lait pour en faire une pâte liquide, y planta six cuillères de bois, poussa un cri auquel accoururent deux enfans de douze à quatorze ans, qui dormaient à quelque distance, et nous invita au banquet. Nous voilà donc assis par terre autour de la pitance et mangeant à la gamelle. Il n'était pas jusqu'aux chiens qui n'en voulussent leur part ; ils rôdaient autour de nous en grondant d'une façon fort maussade : quelques morceaux de pain nous les firent amis.

— Ne vous y fiez pas, dit Sisto, ils ont bientôt fait de donner un coup de de dent ; et cette

nuit, si vous vous voulez vous écarter, réveil-
lez-moi. Je ne répondrais pas d'eux s'ils vous
voyaient errer tout seuls.

ARMAND.

Et s'il leur prenait envie de manger pendant
notre sommeil un morceau de Français ?

SISTO.

Ne craignez rien : couchés près de moi,
vous êtes en sûreté.

ÉMILE.

Ces enfans sont-ils à vous ?

SISTO.

Non. Pauvres mioches ! ils sont petits-fils
d'une pauvre femme qui a perdu son fils et sa
bru, et qui est demeurée abandonnée et in-
firme. Que pouvait-elle faire de ces deux
créatures ? « Margarita, lui dis-je un jour, je
n'aime pas à voir Checco et Pietruccio jouer
tout le jour sans rien faire. Les enfans ap-

prennent vite le vice ! donnez-les-moi. Elle
ne voulait point, parce que je suis pauvre ;
mais je lui dis que le bon Dieu, qui m'avait
toujours nourri quand j'étais seul, saurait bien
augmenter les portions pour deux bouches de
plus, et c'est ce qui est arrivé : voilà un an
que je les tiens et jamais nous n'avons manqué :
et puis il faut vous dire qu'ils le gagnent bien.
Si je ne les avais pas, pourrais-je aussi souvent quitter mon troupeau ? Ces petites courses me donnent des occasions de bien vendre
mes fromages. C'est un bonheur pour moi d'a-
voir ces enfans. S'ils sont bons, la Madone
les bénira ; elle les fera vivre sur cette terre,
et puis elle leur donnera là-haut une belle demeure. Le plus grand sait tout son catéchisme
par cœur ; je lui ai enseigné toutes les prières
que j'ai apprises de ma bonne mère, Dieu
l'ait en sa paix ! Je lui ai encore montré à servir la messe..... Que voulez-vous, on fait ce
qu'on peut : l'important est de ne pas offenser
Dieu, pour aller en paradis !

Les trois amis étaient émus jusqu'aux larmes
en voyant ce chévrier pauvre à l'excès par-
tager son pain avec de plus pauvres que lui,
sans se douter qu'il faisait une action sublime,
et s'occuper plus encore du salut de leur âme

que du soin de leur corps. En écoutant cette
parole naïve de Sisto, ils sentaient leur cœur
se remplir d'une joie paisible ; ils oubliaient
la distance que le monde avait mise entre eux
et lui ; ils communiquaient avec son âme , et
et comme ils la trouvaient noble !

FÉLIX.

Le couvent vous aide-t-il un peu ?

SISTO.

Oh! si je voulais, j'y trouverais tous les
jours après le dîner quelque morceau de pain
ou bien une écuelle de soupe ; j'en profite de
temps en temps ; mais je ne puis pas deux fois
par jour descendre de la montagne, et j'aime
bien mieux y aller le matin pour entendre la
messe ; à midi j'y envoie plutôt un des enfans,
quand ils ont été sages. Ils sont bien riches ces
chartreux! Il faut dire aussi qu'ils sont bien
charitables : on est toujours sûr d'être reçu
chez eux.....

ARMAND.

Oui, avant la nuit!

SISTO.

Çà vous paraît dur de n'avoir pas trouvé la porte ouverte et de passer la nuit à la belle étoile; je le conçois: il faut pourtant ne pas vous en prendre aux religieux. Si vous saviez combien de fois on les a volés sous prétexte d'hospitalité!

ARMAND.

Est-ce qu'il y a des voleurs dans vos montagnes?

SISTO.

Certes!.... le lieu est commode, voyez-vous! Nous sommes sur les confins du royaume de Naples. S'ils font un mauvais coup par là, ils viennent ici; quand on les poursuit chez le Pape, ils passent dans les Abbruzzes. Bon Dieu! combien de fois ils m'ont attaqué!

ÉMILE.

Vous, pauvre Sisto! et pourquoi? qu'avez-vous à voler?

SISTO.

Mes pauvres chèvres. Quand les troupes sont à leurs trousses dans l'un et l'autre pays, ce qui arrive assez souvent, parce que les deux gouvernemens s'entendent, ils s'enfoncent dans les gorges les plus reculées, où il est impossible d'aller les prendre. Tant que les passages sont fermés, il faut qu'ils trouvent de quoi vivre, et la nuit, sans s'exposer beaucoup, ils attaquent tantôt un chévrier, tantôt l'autre, et emportent des provisions pour quelques jours. Encore s'ils se contentaient de nous voler! mais, enragés de la retraite forcée qu'on leur fait faire, ils déchargent sur nous leur mauvaise humeur et nous battent. Un jour qu'exaspéré je sautai sur mon fusil, ils se précipitèrent sur moi, m'eurent bientôt désarmé et tinrent conseil pour savoir s'il ne fallait pas me couper en petits morceaux.

ARMAND.

Quels barbares!

SISTO.

Cela vous étonne? Ils en font bien d'autres!

Je puis vous en raconter de leur prouesses!
Ecoutez : en voici deux que je sais bien, parce
que je les ai entendu raconter aux victimes
elles-mêmes.

Une nuit, le séminaire de Terracina fut
envahi par ces scélérats qui emportèrent avec
eux tous les plus jeunes enfans. Le lendemain
une lettre arrive adressée au supérieur : « Si
au bout de vingt-quatre heures la somme de...
n'est pas remise en tel lieu, tous les enfans
sont massacrés. » La somme était forte , les
parens pauvres pour la plupart et les brigands
connus pour gens à tenir parole. On sa-
crifia tout pour sauver au moins la vie aux
petits captifs ; le plus riche du pays donna la
plus grande partie de la somme , et son fils fut
le seul qui ne fut pas renvoyé ; on demandait
plus d'argent encore. Le père désolé vendit
jusqu'à des meubles pour satisfaire à l'impa-
tiente rapacité de ces monstres, et au bout de
peu de jours il reçut une corbeille fermée avec
un billet ainsi conçu : « Voilà ton fils ; on as-
« sure que tu n'as plus de quoi subvenir aux
« frais de son éducation : nous t'en avons ôté
« le souci..... » Vous comprenez ce que le
père trouva dans la corbeille. A cette vue, il

perdit le sentiment', et au bout de huit jours sa douleur l'avait tué.

L'autre fait est arrivé ici-près. Une pauvre mendiante était assise au détour du sentier; un des brigands passa : Que fais-tu là? — Je me repose : on m'a fait dans ces montagnes un peu de charité : ma besace pèse, Dieu merci. Donnez-moi quelque chose! —Ta besace pèse? Je l'emporte, et voici ce que je te donne..... Il dit et la frappa brutalement. J'ai bien de la peine à croire que celui-là se convertisse jamais : c'est un grand péché, savez-vous, de maltraiter les pauvres de Jésus-Christ! La pauvre femme resta là à se désespérer... Qu'as-tu à crier ainsi? lui dit un autre passant. C'était le chef des voleurs. — Un grand coquin m'a volé mon pain et m'a frappée : que ne m'a-t-il tuée! à présent il faut que je meure de faim! Ce sera un de ces infâmes brigands qui désolent le pays. — Le reconnaîtrais-tu? — Oui. — Viens avec moi. — Elle le suit jusqu'à un endroit isolé où se trouvaient sept ou huit hommes réunis là sans doute pour préparer quelque expédition. — Qui est ton voleur? — C'est celui-là. — Fort bien! tu as les yeux trop bons pour nous..... Qu'on les lui ar-

rache de suite, après lui avoir donné vingt coups
de bâton pour lui apprendre à parler de nous
sans respect. Malgré les prières et les pleurs
de cette infortunée, l'arrêt fut exécuté, et un
berger la trouva le lendemain sans connaissance au lieu même où les assassins l'avaient
abandonnée.

Je n'en finirais pas si je vous racontais tout.
Il y a des faits si horribles, que ceux-ci ne
sont rien en comparaison.

— Et pourtant voilà ces peuples si pleins
de foi! dit Armand à Emile.

ÉMILE.

Dites plutôt : voilà ce que seraient la plupart des Italiens et surtout des montagnards,
si la foi n'adoucissait, ne transformait pas un
naturel à l'excès passionné, traître, vindica-
tif. L'exemple de ces hommes qui échappent
à l'action de la religion, doit vous faire comprendre à quel point elle opère sur les autres
pour les rendre ce qu'ils sont. .....Mais dites-
moi, Sisto, les bandes actuelles ne sont pas
anciennes, car, si je ne me trompe, il y a
peu d'années que monseigneur Bernetti, à pré-

sent cardinal, purgea ces contrées de cette en-
geance diabolique.

SISTO.

Oui, Monsieur, pendant quelque temps
nous avons été tranquilles ; les ordres donnés
par monseigneur Bernetti étaient si terribles
que personne n'osait plus communiquer avec
les bandits : ils se trouvaient confinés dans leurs
déserts, isolés sans pouvoir rien faire. Ils se
débandèrent et peu à peu furent tous pris ;
mais ils recommencent à présent.

ÉMILE.

Il faut que l'esprit de brigandage soit dans
le sang ! Figurez-vous, mes amis, que monseigneur Bernetti avait déclaré complice et
digne de mort quiconque avait le moindre
rapport avec ces scélérats. Il a en outre fait
partir et reléguer à grande distance nombre
de familles mal notées, et malgré de pareilles
mesures, il n'a rétabli la tranquillité que pour
quelques années.

SISTO.

Bah! ils naissent brigands. Il y a entre Frosinone et Terracina des villages entiers où les hommes ne travaillent la terre que dans la saison où l'on voyage peu. Dès que les étrangers se montrent, les femmes prennent la bêche, et leurs chers époux vont sur les grand' routes.

ARMAND.

Celle-là est forte !

ÉMILE.

Je ne sais jusqu'à quel point il faut en croire au bon Sisto : ce que je puis vous assurer, c'est que, parcourant la région dont il parle, j'ai vu des villages dont toutes les figures sentaient terriblement le voleur. Je pourrais vous citer Ceccano, Supino, Pisterzo, etc.; jusqu'aux femmes y ont un petit air brigand fort peu rassurant.

Le sommeil nous était bien nécessaire, nous pensâmes à en prendre un peu, et Sisto, voyant notre intention :

— Les lits seront bientôt faits : un petit bout de prière pour remercier le bon Dieu de vous avoir fait trouver un peu de feu, et pour lui offrir la pénitence que vous vous trouvez obligés de faire : on dort si content quand on s'est recommandé à Dieu et à la Madone! Ce disant, il se mit à genoux, prit son rosaire et se mit, avec une dévotion touchante, à en réciter les *Ave Maria*, auxquels nous répondions. Après deux dizaines, il demanda à Marie sa protection pour nous tous, et nous nous couchâmes en rond autour du feu, où nous jetâmes deux troncs de chênes. Armand dormit très bien. Emile et Félix ne furent pas si heureux ; dévorés par de petites bêtes sautantes dont les deux enfans couchés près d'eux les avaient couverts, ils comptèrent les heures qui sonnaient à l'horloge de la Chartreuse, et, tantôt s'assoupissant, tantôt se réveillant en sursaut, ils attendirent impatiemment le jour. Enfin les étoiles pâlirent, l'azur sombre du ciel se nuança vers l'orient d'un gris perlé, la brise devint piquante : on put songer à partir.

Félix alors voulut donner quelques pauls au berger, qui s'y refusa obstinément. « Si vous croyez me devoir quelque chose, priez le bon

Dieu pour moi, nous dit-il, mais je n'ai fait que mon devoir. »

A la Chartreuse, où nous entendîmes la messe, et où, après avoir reposé environ deux heures, nous fîmes un bon déjeûner, nous demandâmes si l'on connaissait Sisto le chévrier.

— Oui, et c'est un des braves gens de la montagne. Il doit venir aujourd'hui vers midi, pour certain travail.

— Bien, dit alors Félix ; quand il viendra donnez-lui cette piastre de la part des trois Français. S'il la refuse, grondez-le, et forcez-le à l'accepter.

Trisulti n'est pas loin de la plaine, où la route est assez belle. Nous donnâmes en passant un coup-d'œil à l'abbaye de Casamari dont les bâtimens offrent de magnifiques effets à l'amateur du gothique, mais dont les trappistes nous parurent moins austères que les nôtres. Vers midi nous arrivâmes à l'Isola di Sora, où un Français, M. Lefebvre, a établi une fort belle fabrique de papier. Le maître était absent, son premier employé nous reçut avec beaucoup de prévenance : nous n'abusâmes point de sa politesse, pressés de repartir pour Monte-Cassino.

7*

Prenez la grand'route, messieurs, vous ne vous en tirerez pas dans la montagne.

— Notre étoile nous force à courir les aventures.

— A la bonne heure... Je vous les souhaite bonnes.

Jusqu'à un village nommé Rocca Secca, tout alla bien. Là nous grimpâmes jusqu'à une ancienne citadelle toute ruinée comme la petite ville qu'elle commandait. Monument terrible des guerres civiles! Les murs de maisons encore en partie debout portent l'empreinte des flammes qui les ont dévorées; les rues sont encombrées d'épines et de pierres; là était l'église, ici on soignait les malades, plus loin on croit qu'habitait le seigneur, mais on ne l'affirme pas, car les souvenirs de la gloire humaine ne sont point durables comme ceux de la religion et de la charité.

Deux ou trois enfans nous avaient suivis avec notre guide. Pendant qu'Emile dessinait le château jadis appartenant à la famille de saint Thomas d'Aquin, et où l'on fait voir encore la tour qui lui servit de prison, Félix et Armand déployèrent une carte, prirent quelques informations, et un crayon à la main, tracèrent des notes. Les enfans regardaient et

s'enfuirent vers le village qui est bâti à mi-côte
des débris de l'ancienne ville. Quand nous
redescendîmes, Emile voulut acheter quelques
cigarres; le guide lui montra la boutique de
tabac et fut obligé de lui servir d'interprète,
car nous n'entendions pas le patois napolitain. Tout cela attira sur nous l'attention ; on
se répéta que nous avions dessiné là-haut tout
le pays etc., etc., tant que nous vîmes arriver un
homme vêtu d'une espèce d'uniforme, une pla-
que sur le bras et un fusil à la main.

— Vos passeports?

— Les voici.

Il les regarde à l'envers et nous les rend en
disant *va bene* (c'est bien)!

Nous n'avions pas fait un demi-quart de
lieue que nous entendons des clameurs sans fin.
Nous regardons, et ne découvrons rien, à
cause des détours du sentier.

— Qu'ont ces animaux à crier?

— Qu'importe ! laissons-les crier !

Mais le bruit approchait, et nous voyons en
fin courir après nous dix ou douze hommes
armés de fusils et de bâtons. Halte, crie Félix,
demi-tour à droite, et au pas de charge !

Quand le corps d'armée ennemi vit notre
manœuvre, il s'arrêta tout court, puis nous

tourna le dos et s'enfuit; un des héros, petit
et replet, tomba et roula dans un fossé, sans
que les autres s'arrêtassent. Nous fîmes un
grand éclat de rire et reprîmes notre route.
Le cœur alors revint aux fuyards et les voilà
à nous poursuivre de plus belle.

— Il faut en finir, dit Emile ; que nous veulent ces brutes? Attendons-les, peut-être
nous voyant immobiles, auront-ils le courage
de s'avancer.

— Et s'ils tirent avant de parlementer?

— Ayons l'œil sur eux; s'ils font mine de
mettre en joue, étendons-en trois par terre ;
nos pistolets, j'en suis sûr, portent mieux que
leurs vieilles canardières.

Cependant au petit pas, avançait le bataillon, dont il nous parut que chacun désirait
former l'arrière-garde. On faisait vingt pas,
puis on s'arrêtait à tenir conseil ; puis on
marchait encore un peu, pour faire halte de
nouveau. Enfin à trente pas de nous environ
ils cessèrent tout-à-fait de marcher et paraissaient fort inquiets.

— Qui êtes vous? nous cria enfin un gros
homme, le seul de la troupe qui parlât ita-
lien.

Venez le voir

Il s'approche avec sa troupe.

— Qui êtes-vous? Et il avait un air fier et menaçant.

ARMAND.

Monsieur est M. Félix de ***, celui-là s'appelle Emile, et moi Armand de***, pour vous servir.

— Hein? Quoi?..... Qui êtes-vous?

FÉLIX.

On vous l'a dit, pourquoi ne comprenez-vous pas?

— Vos passeports?

FÉLIX.

Nous les avons montrés à cet homme-là (montrant l'espèce de soldat qui était de la troupe) parce qu'il nous les a demandés poliment. Tout le village en a été témoin, ainsi nous ne sommes pas obligés de vous les donner et vous ne les verrez point. D'ailleurs, de quel droit nous les demandez-vous?... Qui êtes-vous?

— Je suis le syndic.

TOUS TROIS.

Hein? Quoi..... Qui êtes-vous?

— Je suis le syndic.

ARMAND.

Votre seigneurie est syndic! Vive le syndic! j'ai toujours professé un grand respect pour les syndics!

ÉMILE.

J'ai été élevé dans lacrainte de Dieu et des syndics !

FÉLIX.

Le roi de Naples ne pouvait manquer de faire syndic le seigneur..... votre nom?

LE SYNDIC.

Filippo Rondoni.

FÉLIX.

Filipppo Rondoni de Rocca-Secca?

LE SYNDIC.

Justement!

FÉLIX.

Messieurs, voilà ce galant homme dont on
nous parlait l'autre jour devant le nonce du
Pape ! Est-il possible ? enchantés de l'avoir
rencontré !

Le syndic cependant s'était retourné vers
son bataillon. « Je les connais, dit-il, je les
connais; ce sont de très honnêtes gens..... Et
toi, bête, pourquoi ne m'as-tu pas dit que tu
avais vu leurs passeports?

— Mais vous savez bien que je ne sais pas
lire !

Pendant qu'ils se disputaient, nous criâmes:
adieu, seigneur syndic, portez-vous bien! Vous
êtes le phénix des syndics, — et le bon homme
Philippe retourna à Rocca-Secca, où il parle
encore probablement et de son courage et de

sa perspicacité, et de la haute estime dont il jouit dans l'étranger.

Pour éviter cependant une nouvelle scène, qui pouvait bien ne pas finir d'une manière comique, car le montagnard napolitain est passablement brutal, nous résolûmes de gagner la grand'route dont nous étions alors assez voisins, et de prendre une voiture à la Melfa, afin d'arriver de bonne heure à Monte-Cassino.

— Quel est ce village que je vois là-bas dans la plaine, de l'autre côté de la grand'route?

— C'est Aquino.

— Je m'en doutais : il faut y aller.

— Et pourquoi? Le guide de Rocca-Secca nous a dit qu'il n'y a rien de curieux.

— Pour lui, je le crois; pour moi, c'est tout une autre affaire : la patrie de saint Thomas d'Aquin ne peut m'être indifférente, et vous-mêmes, mes amis, quoique probablement vous n'ayez jamais été à portée de juger du mérite de ce saint, et que vous ignoriez sans doute qu'il fut un très grand génie do l'influence a causé en Europe une révolution intellectuelle, vous ne pouvez qu'être curieux de recueillir les souvenirs d'un grand homme au lieu même de sa naissance. Son père, le comte d'Aquin, était un homme puissant : vous venez de voir le château de son oncle ; qui sait si quelque tradition échappée aux voyageurs négligens et légers n'est pas réservée aux pélerins assez zélés pour aller la demander aux ruines d'Aquino ?

— Il faut du temps, cher Emile, pour interroger les ruines d'un pays. Ne vaudrait-il pas mieux aller d'abord à Monte-Cassino, quittes, si vous voulez, à retourner demain sur nos pas ?

— Il est de bonne heure encore ; nous bornerons nos recherches à une visite au curé ; sur ses réponses je saurai à quoi m'en tenir. Nous louerons des chevaux pour réparer le temps perdu.

Quand Emile s'est mis quelque chose dans la tête, surtout en fait de voyage, il n'est pas facile de le faire changer d'avis : ses deux amis cédèrent donc à son désir.

A un quart de lieue de la grand'route, nous trouvâmes une petite église gothique en assez mauvais état, puis un chemin tracé sur le bord d'un ruisseau nous conduisit dans le pays.

ARMAND.

Ceci m'a bien l'air d'un village tout comme un autre, et peu riche en traditions.

ÉMILE.

L'apparence, je l'avoue, ne promet guères. Ohé, bonne femme, y a-t-il un château ici ?
— Un château?.... (puis sept ou huit phrases napolitaines auxquelles nous ne comprîmes rien).

ARMAND.

Merci, ma chère amie, vous êtes aussi éloquente que belle ! Où demeure votre curé ?
— Il n'y a pas de curé ici. L'archiprêtre, voulez-vous dire ?

ARMAND.

Eh! sans doute, l'archiprêtre, cela s'entend.....

On nous conduisit au presbytère. Une fille d'une cinquantaine d'années vint nous ouvrir, nous toisa d'un air sournois et nous répondit par un « attendez là » qu'elle accompagna d'un tour de clef donné à la porte. Au bout d'un demi-quart d'heure elle revint ouvrir, et nous introduisit près de son maître.

Dans une petite salle sombre et malpropre
où elle nous précéda, nous trouvâmes sa ré-
vérende Seigneurie. Soixante-cinq hivers au
moins avaient blanchi ses cheveux qui s'é-
chappaient en mèches crépues de dessous un
bonnet de coton pointu et fort gras, fixé par
un ruban jadis vert. Ses joues étaient pendan-
tes et colorées d'un rouge vif son œil perçant
nous fixait à travers des lunettes dont un des
verres était brisé. Quoiqu'il ne fût pas d'un
excessif embonpoint, la pente douce établie
depuis sa gorge jusqu'à l'extrémité de son ventre bien nourri, lui donnait, jointe au peu de
carrure de ses épaules, l'apparence d'un cône
sur la surface duquel on aurait étendu une
soutane ; des pantoufles de peau de mouton
recevaient ses pieds énormes. A notre entrée
il s'était un peu soulevé en nous disant : As-
seyez-vous ; puis il était retombé sur son fauteuil, au dossier duquel restait appuyée et debout la fidèle servante. Nous étions donc assis
de l'autre côté d'une table où se trouvaient
quelques paperasses, un gros bréviaire, un
pot à l'huile, une tasse à café sans soucoupe,
et beaucoup de poussière.

ARMAND.

Votre Seigneurie nous pardonnera la liberté que nous avons prise de la déranger au moment peut-être de la digestion. Monsieur (montrant Emile) est grand ami de saint Thomas sur qui nous venons vous demander quelques renseignemens.

L'ARCHIPRÊTRE.

Ami de qui ?

ARMAND.

De saint Thomas...

L'archiprêtre se retourna avec un air d'interrogation vers la servante, qui enfonça la tête dans les épaules en écartant un peu lês coudes, ce qui équivalait à « je ne sais. »

ÉMILE.

Mais... nous sommes bien à Aquin?

L'ARCHIPRÊTRE.

Justement.

ÉMILE.

Et nous venons vous parler du grand saint

Thomas qui a fait la gloire de ce petit pays.

L'ARCHIPRÊTRE.

Point, point, vous vous trompez , c'est saint Costanzo dont vous avez vu l'église en arrivant. Oh! je puis vous en dire long. Sous l'empereur Trajan.....

ÉMILE.

Mais, seigneur archiprêtre, ne connaissez-vous pas saint Thomas?....

L'ARCHIPRÊTRE.

Oui, oui, saint Thomas , le docteur angélique..... de gros volumes..... oui, oui, oui..... Mais le saint d'Aquin c'est saint Costanzo dont j'ai retrouvé le corps. C'est une histoire. ...

EMILE.

Mais de saint Thomas , de sa famille.....

L'ARCHIPRÊTRE.

Laissons là saint Thomas un peu. Il s'agit bien de saint Thomas!

ÉMILE.

Dites-nous au moins s'il y a quelques vestiges.....

L'ARCHIPRÊTRE.

Des vestiges..... vous êtes bon avec vos vestiges..... Quand je vous dis que j'ai retrouvé le
corps tout entier.

Emile voulait pousser sa pointe ; Armand
l'en empêcha : « Ne voyez-vous pas que vous
perdez votre temps ? Laissez-le parler de saint
Costanzo ; puis vous verrez après à l'interroger..... Oui, Révérend, nous avons entendu
parler de saint Costanzo ; sous Trajan.....

L'ARCHIPRÊTRE.

Bravo !.... (à Emile) Votre saint Thomas
est une vieille histoire rance, voyez-vous !....
Vous saurez donc.....

N'ayez pas peur, cher lecteur, vous ne su-
birez point le récit du bon homme, qui fut as-

sez long et très ennuyeux. Nous croyions en
être quittes, quand d'un coffre poudreux il tira
un manuscrit dont il voulut commencer la lec-
ture. A force de complimens nous l'en empê-
châmes; mais il n'y eut pas moyen d'éviter ce
qu'il appelait l'appendice à son mémoire.
C'était un rabâchage tel qu'un fou rire nous
prit pendant qu'il lisait. Nous nous cachions
comme nous pouvions dans nos mouchoirs,
et le brave homme nous regardant par-dessus
ses lunettes.....

Pauvres jeunes gens..... comme ils sentent
le prix des belles choses !.... ils pleurent !

Il disait vrai ; à force de rire, nous avions
les larmes aux yeux. Quand il eut fini, nous
éclatâmes en complimens ridicules, tant qu'enfin sa Seigneurie, se levant de son siége, nous
embrassa tous les trois en pleurant de joie...

— Quels génies vous serez un jour ! Heureux votre pays ! D'où êtes-vous ?

— Nous sommes Français.

— Ah ! je te l'avais bien dit ! (en se tour-
nant vers la servante à qui il n'avait rien dit du
tout) tous les Français ont du génie.....

Puis une autre accolade. Comme nous
avions peur qu'il ne prît fantaisie à la vieille
d'honorer notre génie de la même façon, nous

nous hâtâmes de prendre congé et de fuir.

Il nous fut impossible de trouver des chevaux : nous continuâmes donc la route à pied.
Nous voyions de loin une abbaye sur le sommet d'un mont assez élevé.

ARMAND.

Je parie qu'il nous arrive ce soir quelque
autre mauvaise aventure ! Les abbayes ne nous
ont pas jusqu'à présent porté bonheur.

ÉMILE.

Si vous ne voulez pas aller jusqu'à Saint-
Germano pour y prendre la route qui monte
au monastère, donnons l'assaut à la montagne, nous épargnerons quatre bons milles et
nous arriverons de meilleure heure ; mais gare
la fatigue !

FÉLIX.

C'est une folie : suivons tout bonnement la
route : s'il est tard, nous coucherons à Saint-
Germano et nous monterons demain. Qui nous
presse ?

ARMAND.

Donnons, donnons l'assaut ; nous serons les premiers qui seront arrivés au monastère par cette voie.

Arrivés au pied du mont, un paysan nous indiqua à mi-côte un sentier commode que nous ne pouvions manquer de rencontrer en montant dans la direction de l'abbaye. Nous voilà grimpant. C'était une pente extrêmement rapide ; plus d'une fois il nous fallut escalader des masses de rochers presque à pic, dont en bas nous n'avions pas soupçonné la hauteur : de grandes herbes entravaient notre marche déjà difficile. Nous eûmes une peine affreuse à gagner le sentier que nous ne rencontrâmes que presque sous les murs du couvent. Là, sur un rocher, était comme en sentinelle un jeune moine que nous saluâmes en passant, et qui, nous regardant beaucoup, nous rendit poliment notre salut, puis disparut.

— Messieurs, dit Armand, je serais d'avis, avant d'arriver à l'abbaye, de nous changer un peu : nous sommes trop en désordre pour nous présenter devant le père abbé-général.

Adopté : nous nous mettons sous une roche et faisons toilette...

— O mon Dieu! s'écrie Félix.

— Qu'avez-vous?

— En voilà une belle! Que deviendrons-
nous !

— Qu'est-ce?

— Le porte-feuille où sont nos passeports,
les lettres de recommandation et les lettres de
change, est tombé de ma poche ; je ne le retrouve plus.

Jugez quel fut notre embarras! Nous étions
dans un pays étranger et où les fréquentes
conspirations ont rendu la police méticuleuse
et susceptible. Sans papiers, presque sans argent, privés de tout moyen de nous faire re-
connaître jusqu'à ce que des lettres de Rome
vinssent à notre secours, nous n'avions en
perspective qu'une huitaine de jours de prison
sous l'arbitraire d'un brigadier de carabiniers:
c'était fort peu aimable. Il fallait cependant
prendre un parti : nous nous décidâmes à aller conter notre piteuse histoire à l'abbaye,
dont nous prîmes la route, après avoir caché
nos sacs sous des broussailles.

Sur la porte nous trouvâmes le jeune moinillon qui nous avait explorés ; il parlait avec

chaleur à deux de ses confrères : quand ils nous virent, ils firent un geste d'étonnement. Le jeune homme leur racontait comme quoi il avait de sa fenêtre vu trois hommes grimper à travers les rochers, ce que ne font jamais les honnêtes gens ; qu'ensuite étant descendu pour surveiller leurs démarches, il s'était trouvé nez à nez avec eux... trois gaillards robustes, armés jusqu'aux dents (il l'avait deviné, car, quand il nous vit, nous n'avions en main que nos bâtons), sales, de fort mauvaise mine.....

Il est facile de comprendre la surprise des religieux qui, au lieu des brigands qu'on leur dépeignait, virent arriver trois jeunes gens mis avec décence et se présentant avec modestie.

.....Preuve que ce sont des imposteurs, s'écria le jeune moine ; s'ils sont honnêtes gens, pourquoi cacher ces gros sacs, pourquoi cacher leurs armes?....

Et il courut avertir le Père Prieur, à qui, en l'absence de l'abbé-général, nous devions nous adresser. Après une attente assez longue et fort désagréable, sous un cloître où tous les habitans du monastère vinrent nous examiner de loin (car les plus braves seulement osaient passer près de nous), sa Révérence s'approcha suivie de deux ou trois pères.

Félix commença un compliment que le Révérend Père, sans autre façon, lui coupa dans la bouche.....

— Nous avons des ordres sévères du gouvernement ; veuillez me faire voir vos papiers !

C'était justement ce que nous ne pouvions faire. Emile lui raconta notre histoire qu'il écouta froidement et avec un certain sourire sur les lèvres. A sa place, je sais bien que je n'en aurais pas cru un mot, prévenu comme il l'était par les visions du petit moinillon.

— J'en suis fâché, vraiment fâché, messieurs; mais nous devons obéir, la police a les yeux sur nous; ce n'est pas la première fois... Il faut vous résoudre à partir pour San-Germano.

Aller à San-Germano n'était rien pour nous ; trois milles sur une belle route et toujours en descendant ne pouvaient nous faire peur ; ce qui nous paraissait dur, c'était d'être mis à la porte, et en outre nous désirions rester parmi les moines, espérant que quelques heures de conversation dissiperaient leurs soupçons.

— Révérend Père, nous ne pouvons blâmer votre zèle et votre prudence ; nous comprenons que nous sommes suspects , que les apparences sont contre nous ; nous baissons la tête ; mais veuillez prendre en considération notre fatigue , l'heure avancée , l'impossibilité de nous expliquer ce soir avec les autorités de San-Germano. N'exposez pas à coucher en prison des hommes qui , nous devons le dire, ne sont pas faits pour une telle avanie. Que craignez-vous ? Trois personnes peuvent-elles faire quelque mal dans une maison pleine de monde? Demain , si vous voulez, vous vous ferez près de la police un mérite de nous avoir retenus ; car, si nous étions de malhonnêtes gens , après l'avis que vous nous avez donné , nous n'irions pas au bourg, mais bien dans les montagnes... On vous aura raconté comme nous savons les escalader.

Le prieur sourit, car c'est un bien excellent homme, nous l'avons vu depuis ; mais on l'avait prévenu, et puis, au fond, il faisait son devoir.

— A la bonne heure, à la bonne heure..... restez donc ici ; on va vous conduire au lieu destiné aux étrangers.

Nous suivîmes un domestique jusqu'à un

petit escalier qui nous conduisit à deux cham-
brettes voûtées.

« Dans deux heures je vous apporterai le
souper. »

Et il nous laisse. Nous étions à faire l'in-
ventaire de notre demeure, dont l'ameublement consistait en trois lits, quelques chaises
et deux tables, quand arriva le petit moine
explorateur. Nous fûmes enchantés de le voir;
nous causâmes, nous fîmes briller des manières de cour, nous montrâmes autant d'esprit
qu'il nous était possible. Le jeune religieux
rit comme un fou, répondit à nos plaisanteries, et nous étions fort bons amis quand il se
retira pour nous laisser souper. « N'ayez pas
peur, nous dit il en partant, on ne vous fera
rien. »

Nous sûmes ensuite qu'après la décision du
prieur les moines s'étaient montrés fort mé-
contens. L'un ne voulait pas coucher dans le
monastère si on y recevait des gens sans aveu...
Qui savait si notre bande n'était pas sous les
murs attendant notre signal?.... Du moins, je
ne dors pas cette nuit, dit un autre. La peur
descendit à la cuisine, et il ne fut pas un frère-
lai qui ne se munît d'un coutelas ou d'une bro-
che; tout était dans la confusion. Enfin on

décida de nous arrêter. le point était d'attacher le grelot. Tous les Pères s'en défen-
daient avec raison : ce n'était pas œuvre qui
leur convînt.

— Frà Garlano, frà Gennaro, vous avez
été soldats vous autres!

— Oui, et c'est justement pour cela
que nous ne voulons pas nous frotter aux
Français : nous savons trop ce qu'ils savent
faire.

Cette scène, dont nous ne garantissons pas
les détails, parce que nous n'en fûmes pas
spectateurs, finit par l'envoi du jeune moine
qui fit de nous d'excellens rapports, et la paix
se rétablit dans la maison. Le vin des moines
est fort bon : ils nous envoyèrent un souper
passable, et, malgré la fâcheuse position où
nous nous trouvions, nous bûmes gaîment à
leur santé.

Le lendemain de fort bonne heure le Père
Prieur était à notre porte pour nous *sou-
haiter bon voyage*. Nous le remerciâmes de
l'hospitalité et lui promîmes de lui prouver
qu'il n'avait pas obligé des gens indignes de
sa bonté.

Sans doute nous le pouvions prouver; mais
avant nous avions peut-être une rude épreuve

à subir : nous étions résolus d'aller nous remettre de nous-mêmes entre les mains de la
police plutôt que de nous laisser arrêter, quand
Armand s'écria .

—Que faisons-nous, messieurs? Quoi! nous
rendrons les armes sans combattre , c'est-à-
dire sans chercher un peu le fatal porte-
feuille ?

— Que voulez-vous chercher? Qui peut
retrouver nos traces à travers ce dédale de
rochers et d'herbes ? Et quand nous pourrions
savoir où nous avons passé, comment aperce-
voir un porte-feuille?....

— Essayons; il sera toujours temps d'aller
nous constituer prisonniers, et du moins nous
n'aurons rien à nous reprocher.

Les nuages fort bas étaient amoncelés sous
nos pieds, et vivement éclairés par un soleil
pur, paraissaient une mer en fureur: nous
nous enfonçâmes dans ce brouillard humide,
et nous voilà le corps courbé en deux, l'œil
attentif, interrogeant chaque pierre , chaque
touffe d'herbe. Chacun avait pris une direction différente pour mieux chercher ; chacun,
partagé entre un désir immense et une espérance très faible, roulait solitaire de tristes
pensées. Après deux heures de recherche,

nous n'avions pas battu le demi-quart dela montagne ; le courage allait nous manquer, quand un cri part du côté d'Armand ; Félix répond, puis Emile. Un moment de silence, et le cri se répète, et l'on entend bien distinctement : Je l'ai trouvé!! Les trois amis s'embrassèrent en se retrouvant au lieu de la toilette de la veille. Le porte-feuille était intact : il fallut voir avec quel air triomphant on remonta à l'abbaye! Plus de précautions : les havresacs pendus au bras gauche, le bâton à la main, la tête levée, les yeux pétillans de joie. Il est si doux pour une âme affligée par un soupçon injurieux, de se faire connaître et de regagner l'estime dont à tort elle avait été privée!

Parmi nos lettres de recommandation une se trouvait adressée justement au Père Prieur par l'abbé de Farfa. Il la lut, vit nos papiers et nous dit : Ah! à présent c'est moi qui vous prie de rester ici. La supériorité impose quelquefois des devoirs pénibles...

Nous coupâmes court aux excuses et aux complimens, et nous fûmes installés dans un très bel appartement destiné aux étrangers. Nous y reçûmes la visite d'un jeune peintre romain très distingué, que nous avions eu oc-

casion de connaître et qui se trouvait occupé
à peindre à fresque la coupole de l'église.
Bientôt vint un religieux avec une grâce charmante s'offrir à nous servir de guide dans le
couvent. Nous pensâmes alors qu'il y avait à
Monte-Cassino bien des choses à voir. Jusque
là nous l'avions oublié.

L'abbaye présente à l'extérieur l'apparence
d'un vaste et magnifique palais. L'entrée, que
l'on s'attend à voir grande et noble, est une
allée voûtée, longue et obscure, qui monte par
une pente douce jusqu'à la porte intérieure.
Que ce soit dessein de l'architecte ou sacrifice commandé par les anciennes construc-
tions, il est certain qu'après avoir passé cette
espèce de grotte, on reste ébahi en arrivant
au premier cloître. Trois cours carrées le com-
posent, entourées de portiques ; celle du milieu n'est séparée des deux autres que par deux
galeries à double rang de colonnes à jour, qui
aboutissent à un escalier aussi large que la
cour. Ses nombreuses marches conduisent à
une terrasse qui, passant sur les deux galeries,
aboutit à un terre-plein entre les deux ailes du
bâtiment, et d'où l'on découvre une vue délicieuse. Au fond de la terrasse, en face de l'escalier, est une grande porte bien ornée ; elle

donne entrée dans le cloître supérieur, plus
orné que ceux d'en-bas. Des statues de marbre
l'entourent : ce sont celles des empereurs bien-
faiteurs du monastère, ou de rois qui, dépo-
sant le sceptre, préférèrent l'obscurité du cloître à l'éclat de la cour. De cette enceinte on
passe dans l'église, qui éblouit. Toute revêtue
des marbres les plus précieux, elle n'a pas,
quoique fort grande, un petit coin qui ne soit
travaillé en mosaïque. Les devans d'autels surtout sont des morceaux admirables et pour la
grâce et la variété du dessin, et pour la richesse des pierres. Le vert antique, le lapis-
lazuli, la nacre de perle y sont prodigués :
le maître-autel est un monceau de pierres pré-
cieuses. L'église de la Chartreuse de Pavie
peut seule se comparer à celle de Monte-Cassino, si toutefois cette dernière ne l'emporte
pas par un ensemble plus parfait de richesses.
Les stalles du chœur sont travaillées en bois
avec une délicatesse parfaite, et la sacristie
est un chef-d'œuvre de boiserie exécuté par
un moine.

Le reste de l'édifice n'a pas la magnificence
de l'église, mais tout y est d'une simplicité
somptueuse et vraiment royale. Et quand on
pense au travail qu'il a fallu seulement pour

porter les matériaux au sommet de cette montagne au pied de laquelle les chariots doivent s'arrêter, on admire un ordre dont l'instinct a toujours été de produire de grandes choses en tout genre, et de vaincre les difficultés les plus effrayantes.

Le monastère de Monte-Cassino était extrêmement riche autrefois ; la révolution l'a ruiné. Le roi de Naples lui fait une pension qui suffit à peine à l'entretien de tant de bâtimens ; aussi voit-on une communauté souffrante. Elle est fort peu nombreuse en comparaison de ce qu'elle devrait être. Les voyageurs ont beaucoup perdu à l'appauvrissement de l'abbaye : les Bénédictins, partout renommés par leur hospitalité, l'exerçaient à Monte-Cassino avec magnificence. Quiconque se présentait était reçu, et selon son rang était traité pendant plusieurs jours de manière à ne point regretter ses propres pénates. A présent, on fait ce qu'on peut : Dieu n'en demande pas davantage.

Quand le soir vint, nous étions las de courir, de regarder, d'admirer, de critiquer parfois : la seule bibliothèque et l'archive nous avaient pris plus de deux heures d'un travail fatigant, car il s'était agi de déchiffrer de vieilles char=

les qu'avec beaucoup de complaisance nous
déroulait le savant Père Frangipane , biblio-
thécaire du couvent. S'il faut le dire , la vue
de ces parchemins auxquels nous comprenions
fort peu , n'était point pour nous fort diver-
tissante ; mais comment refuser de les regarder, quand , pour nous les montrer , le bon
Père , qui n'est plus jeune , grimpait à l'é-
chelle , ouvrait des tiroirs , se couvrait de
poussière..... Il s'y amusait au reste plus que
nous. Les manuscrits nous offrirent plus d'intérêt : il y en a de fort beaux.

Notre aimable guide s'apercevant de notre fatigue, nous reconduisit à notre appartement, où la table était mise. Il nous en fit les
honneurs, et là, s'il faut le dire, commença
une causerie qui ne finit qu'à plus de minuit.
Don*** a beaucoup d'esprit et de tact et une
humeur très sociable. Depuis le matin, nous
avions presque fait amitié : aussi la conversation, tour à tour française et italienne, se fit-
elle avec épanchement, sans les froides réser-
ves d'une politesse roide, et par conséquent
fut pleine d'agrément pour tous.

Nous passâmes encore le lendemain à l'abbaye où vint le Père abbé général, dont nous
nous félicitâmes d'avoir fait la connaissance.

Il est impossible d'avoir avec des manières plus nobles, plus d'affabilité : homme d'esprit d'ailleurs et de connaissances très étendues.

Au lieu de traîner avec nous le lecteur de corridor en corridor, de cellule en cellule, nous pensons lui être plus agréable en lui disant deux mots de l'histoire de Monte-Cassino.

Vers le milieu du sixième siècle, saint Benoît, après avoir fondé les convens de Subiaco, quitta sa retaite et pénétra dans le royaume de Naples. On raconte que dans ce voyage deux corbeaux lui servaient de guides : et par respect pour cette tradition, il y a toujours deux de ces oiseaux nourris dans l'abbaye. Leur éducation forme le passe-temps des frères lais : ceux que nous y avons vus sont jeunes encore et peu instruits, ce qui fait sentir le plus vivement la perte du dernier mort. Cet animal avait été dressé avec tant de soins, qu'à l'arrivée d'un étranger, il allait au devant de lui, et le conduisait en cérémonie jusqu'à la porte du Père Prieur.

Quoi qu'il en soit de l'histoire des corbeaux voyageurs, le saint trouva un temple d'Apollon au lieu où est située à présent l'abbaye. Malgré la protection dont jouissait la reli-

gion depuis que les empereurs l'avaient embrassée, le paganisme n'était pas encore
entièrement aboli; il rendait les derniers
combats d'une lutte obstinée. Saint Benoît
prêchant Jésus-Christ à ces peuples auxquels
il n'était pas inconnu, ranima leur zèle et leur
foi, fit abattre l'idole, et à l'immolation des victimes et aux mystères impurs qui l'accompagnaient, substitua le sacrifice de la victime
sans tache. La sainteté de sa vie lui attira des
disciples : une nouvelle communauté fut établie. Illustrée par la présence presque conti-
nuelle du saint fondateur, elle acquit bientôt
une grande réputation; on vint de loin apprendre sous Benoît les secrets de la vie intérieure : la piété s'empressa d'agrandir la
demeure de tant de saints personnages. Les
progrès de l'abbaye furent si rapides, que peu
après la mort de saint Benoît, elle était déjà
riche et puissante. Dévastée plusieurs fois
dans les invasions des barbares, et plus tard
dans les guerres civiles, elle est toujours res-
sortie plus magnifique de ses ruines. Nous
n'avons pas recherché l'âge précis des bâtimens actuels; leur style dénote une époque
assez récente. L'Eglise a été consacrée par
Benoît XIII en 1727. Dans un petit recoin,

Emile découvrit enchâssé dans le| mur un beau reste de galerie gothique qui semble appartenir au treizième siècle : les Italiens font en général assez peu de cas de ce genre d'architecture; pour nous, nous regrettons que le monastère de Monte-Cassino n'aie plus son caractère d'antiquité. Sa construction actuelle nous semble trop étrangère aux siècles de sa gloire; nous aimerions en errant dans sa vaste enceinte la pouvoir peupler de ces figures imposantes des moines du moyen-âge, écouter encore sous les voûtes antiques le retentissement de leurs paroles graves; tandis que la vue des corniches grecques nous ramène malgré nous à des générations à qui nous donnons la main.

Les moines ne formèrent point dans l'origine un corps lié par une hiérarchie et soumis à un chef unique ; chaque abbaye obéissait à son père abbé, et ne reconnaissait pas de supérieur dans l'ordre. Le relâchement et les inconvéniens qu'il fit naître , donnèrent à plusieurs abbés l'idée de se lier entre eux, et de réunir leurs communautés sous un chef suprême qui, muni d'une autorité plus étendue, pût réprimer les abus, faire marcher tout par une vue d'ensemble, et conserver ainsi la régularité. Ce fut alors que s'établirent

les différentes *congrégations* soumises chacune
à son *abbé-général* et indépendantes les unes
des autres. Les plus fameuses furent celles de
Monte-Cassino, de Bursfeld en Allemagne, et
en France de Saint-Maur , dont le nom s'al-
lie aux souvenirs de la science la plus profonde et des travaux littéraires les plus gigantesques. Cette légère notion de la constitution
des Bénédictins explique les jugemens si
contradictoires portés sur cet ordre fameux.
Chacun observait les individus ou les maisons
qu'il avait à sa portée , appliquait sa critique
ou son éloge à l'ordre entier, comme si, sous
un seul général, et formant un corps unique,
il avait partout le même esprit ; tandis que les
diverses congrégations différaient beaucoup
entre elles , présentant pour ainsi dire les diverses faces d'une même pensée.

Monte-Cassino a toujours été la résidence
de l'abbé-général de la congrégation. Il demeure tantôt à l'abbaye, tantôt dans son palais à San-Germano au pied de la montagne ,
où il exerce la jurisdiction épiscopale dans
un rayon de quelques milles. Les Bénédictins
ont encore là un collége où s'élève une bonne
partie de la noblesse napolitaine et sicilienne :
rien n'est comique comme de voir ces enfans

jusqu'aux plus petits, revêtus de l'habit mona-
cal, suivant un usage antique que l'on a conservé, je ne sais trop pourquoi. Dans le temps
où les parens *offraient* leurs enfans au monastère, il était fort bien de les habituer à un
costume qu'ils étaient destinés à porter toute
leur vie, quelquefois malheureusement malgré eux. Maintenant que depuis long-temps
l'église a défendu cette dévotion indiscrète des
parens, nous ne pouvions sans rire voir ces
jeunes *moines* que peut-être dans trois ou
quatre mois nous pouvions retrouver à Naples en uniforme et l'épée au côté.

Après avoir embrassé Don*** qui voulut
se lever à trois heures du matin pour nous
donner le dernier adieu et nous faire prendre
le café, nous descendîmes à San-Germano,
où nous trouvâmes prête la voiture que nous
avions commandée. La route court dans une
fertile plaine jusqu'à Naples, où nous arrivâmes d'assez bonne heure.

NAPLES.

—

Qui n'a pas entendu parler des Lazzaroni ?
Race bizarre, peuple subsistant au milieu d'un
peuple facétieux, voleur, féroce, fidèle et
par-dessus tout, paresseux. Sortez de bonne
heure, le Lazzarone parcourt les rues avec
la vitesse du cerf : une corbeille longue et

plate sur la tête , il porte aux marchés les pois-
sons et les herbes ; la foule, les chevaux, les
voitures, rien ne l'arrête, il glisse partout, se
rend petit, invisible, et porte intacte à sa
destination, la charge qui lui est confiée.
L'heure des commissions est finie, le Lazzarone avec quatre sous est riche pour tout le
jour et se refuse au travail : chez les marchands de macaroni, il remplit son plat de
cette pâte bien aimée, et couché sur le dos,
il en délecte les longs fils qu'avec volupté il
fait peu à peu descendre dans sa bouche. En
vain vous l'appelez alors, il faut dormir ; le
sable du port, le pavé des rues, la poussière
des promenades, le soleil dévorant, tout lui
est bon ; son panier lui sert de lit et de maison, et là, il oublie l'univers. Une seule chose
le fait sortir de sa léthargie ; l'espoir d'un fort
gain ou d'un larcin attrayant, car il est bien
adroit fripon. Croyez-vous qu'il pense à son
habillement ? Une chemise et un petit caleçon
de grosse toile lui suffisent; il s'inquiéte peu,
lui, des convenances sociales: la nuit, il la
passe fort bien sous le portique d'une église
ou d'un palais, où il accommode son panier le
long du mur. A Naples il ne fait jamais froid,
il pleut rarement, à quoi bon s'occuper d'un

logement? Avant le gouvernement français, les Lazzaroni avaient une importance bien plus grande qu'à présent : fiers de leur force, ils en abusaient cruellement, et c'était exposer sa vie que de disputer avec l'un d'eux. Murat en fit fusiller tant et tant, qu'ils ont compris enfin ce que c'est que police ; ils insultent encore, menacent, mais ne frappent plus.

Ce fut avec eux que nous eûmes d'abord affaire à Naples. A peine notre voiture fut-elle arrêtée, que six d'entre eux sautèrent sur l'impériale et se mirent à détacher nos sacs.

— Ohé, braves gens! un seul suffit; ce n'est pas si lourd!

— Oui, oui, monsieur, un seul.

— Attendez! Combien veux-tu pour porter tout cela à l'hotel de *** (c'était à deux pas)?

— Six carlini (1).

— Je t'en donnerai deux; marche.

— Deux carlini pour porter tout cela? vous êtes généreux, vous!

— Marche, je te dis; me prends-tu pour un Anglais?

(1) Le carlin vaut un peu plus de huit sous de notre monnaie.

Nous arrivons à l'hôtel suivis de toute cette bande.

— Mais, que voulez-vous vous autres?

— Laissez, maître, laissez! celui-là est mon propre cousin germain; les autres..... bonnes gens...

— Voilà tes deux carlini.

— Merci, vous m'en devez deux autres.

— Comment, coquin! j'ai des témoins de notre marché.

— Et moi aussi. Je vous ai fait vous expliquer: c'est pour *porter* votre bagage que nous sommes convenus de deux carlini: vous m'en devez deux autres pour l'avoir détaché de dessus la voiture.

A cette distinction subtile de voleur, nous nous mîmes à rire, lui donnâmes la moitié de ce qu'il demandait, et il partit avec ses *témoins* en appelant sur nous toutes les bénédictions de la Madone et de saint Janvier.

On conçoit que les riches voluptueux de Rome aient choisi Naples pour théâtre de leurs plaisirs : une ville élégamment jetée sur le bord de la mer, qui vient expirer au pied de ses murs, une nature pleine d'enjouement, de grâce, de mollesse, le ciel le plus transparent, une atmosphère enivrante, une terre

si fertile qu'elle n'a quasi pas besoin d'être
cultivée pour produire en abondance les vins
les plus exquis, les fruits les plus délicats; un
peuple spirituel, vain, ami du luxe : voilà ce
qui fait douter au voyageur s'il n'est pas arrivé dans le pays des fées. Il n'est pas un de
nos souvenirs de Naples qui n'ait quelque
chose de gracieux, d'aérien : soit que doucement balancés dans une petite gondole sur
les eaux paisibles du golfe, nous écoutions les
bruits mourans de la ville, tandis que le soleil
couchant diaprait la mer de diamans étince-
lans, et que mille barques légères se jouaient
autour de nous; soit que de la haute terrasse
des Camaldules nous jouissions de l'immense
et magnifique coup-d'œil qui, de Gaëta jusqu'à
Amalfi, embrasse les îles de Procida, d'Ischia,
de Caprée, les eaux de Puzzuoli et les collines
riantes de Baia; soit qu'à la nuit, sur la place
du palais, nous assistions aux concerts que
chaque soir donnent les musiques militaires,
sous un ciel scintillant, en face du Vésuve
dont la fumée roussâtre se reflète dans la mer ;
toujours nous trouvions de nouveaux char-
mes à ces spectacles que Naples seul nous a
donnés.

De toutes les curiosités dont nous nous rassasiâmes pendant un séjour assez long, **nous** choisirons celles qui peuvent avoir quelque intérêt pour nos lecteurs.

Il faut au moins nommer le Vésuve : c'est un personnage trop important pour qu'on se permette de le passer sous silence , et d'un autre côté on en a tant et tant parlé qu'il serait ridicule d'en faire une nouvelle description.

Nous y montâmes de nuit, par le conseil de Natale, notre domestique de place, homme fidèle, actif, et très versé dans l'art de promener ses maîtres de rareté en rareté. Jusqu'à Resina nous allâmes en calèche , et là nous prîmes des ânes. *Salvator*, le guide le plus complaisant, et le plus recherché par conséquent, nous accompagna dans notre cavalcade. A moitié chemin est un ermitage ou cabaret, comme on voudra. L'ermite vend du vin , fort bon quand on sait le lui arracher; fort mauvais et tout aussi cher quand on ignore ses ruses. Grâces à Natale, nous ne fûmes pas victimes du dévot cabaretier, et quelques verres de *Lacryma Christi* nous donnèrent le courage de continuer la route. Notre escorte s'augmenta d'un gendarme; les assassinats assez fréquens sur le volcan ont obligé le gouvernement à faire accompagner les curieux

d'un soldat, qu'ils paient, cela va sans dire.
Chemin faisant, nous rencontrâmes les lits
de laves de la dernière éruption ; ils se sont
étendus fort loin sur deux directions. Refroi-
die, la lave ressemble assez au mâchefer
qu'on voit à la porte des forgerons ; on la travaille et on en fait de jolies parur esde femmes. A une certaine distance du sommet on
quitte les montures et il faut grimper à pied :
la route est rude, à cause surtout des cendres
dans lesquelles les pieds enfoncent à chaque
pas. Nous fîmes une belle promenade dans le
cratère, où, sauf le risque de se casser à tout
moment les jambes, on pouvait alors circuler
assez librement; quand le froid de la nuit se
faisait trop sentir, nous nous approchions de
quelque fente, et jamais bouche de chaleur
dans l'antichambre d'un ministère n'exhala
une vapeur plus brûlante. Dans un petit creux
qui semblait une étuve, nous nous reposions un
moment, quand une légère détonation se fit
entendre.....

— A vous ! cria le guide.

Nous regardâmes ; à quarante pas de nous
s'élevait une colonne d'étincelles bleuâtres,
puis bientôt jaillit une masse enflammée qui

retomba à quelque distance. Nous y courû-
mes.....

— Arrêtez, arrêtez, messieurs, il peut en
venir une autre : ici nous n'avons rien à crain-
dre, je le sais ; mais ailleurs , je n'en réponds
plus.

Comme il était plus que prudent d'obéir
nous n'allâmes qu'avec la permission de Salvator visiter ce projectile. C'était un rocher
de la grosseur d'un homme, encore tout
rouge, et jetant une forte odeur d'acide sul-
fureux. La bouche qui l'avait vomi avait environ dix pieds de diamètre, elle présentait
la forme d'un cône renversé. Tout autour s'é-
chappait des fissures une fumée sulfureuse
blanche et épaisse. C'était le seul cratère en activité, et encore n'était-ce qu'à intervalles
qu'il jetait quelques flammes. En 1832, nous
sûmes qu'une nouvelle éruption avait lieu.
Elle aura probablement changé toute la topo-
graphie du mont, comme il arrive chaque
fois; plaise à Dieu qu'elle n'ait pas causé
d'autres dommages ! Le village de Torre del
Greco trois fois a été renversé par les laves
brûlantes, trois fois il a été relevé. On ne conçoit pas comment les habitans osent s'obsti-

ner à demeurer ainsi dans la douce perspective d'être brûlés une belle nuit.

Du mont Vésuve il est assez naturel de passer à Pompeï, puisque cette ville ne doit sa triste célébrité qu'au volcan.

En l'an 75 de Jésus-Christ, eut lieu une des plus fameuses éruptions que l'on connaisse. La lave s'élança vers le couchant et engloutit la ville d'Herculanum ; au midi l'air fut obscurci par une pluie de cendres tellement épaisse et abondante, qu'elle combla une petite vallée et fit disparaître Pompeï qui en occupait le centre. Le souvenir de cette catastrophe s'était conservé, et la lettre de Pline nous en donne des détails curieux ; mais personne ne pensait plus à la ville ensevelie, quand dans le siècle dernier des hommes qui creusaient un puits furent tout étonnés de rencontrer un pavé en mosaïque : l'attention se réveilla, on fit des fouilles, et on retrouva la ville telle qu'elle était il y a 1758 ans. Peintures, mosaïques, ornemens, tout y est ; il semble que les Pompéïens viennent d'abandonner leurs demeures il y a peu de jours. On a trouvé, et l'on trouve encore maintenant à mesure que le déblaiement avance, une foule d'ustensiles : casseroles, lampes, armes, bi-

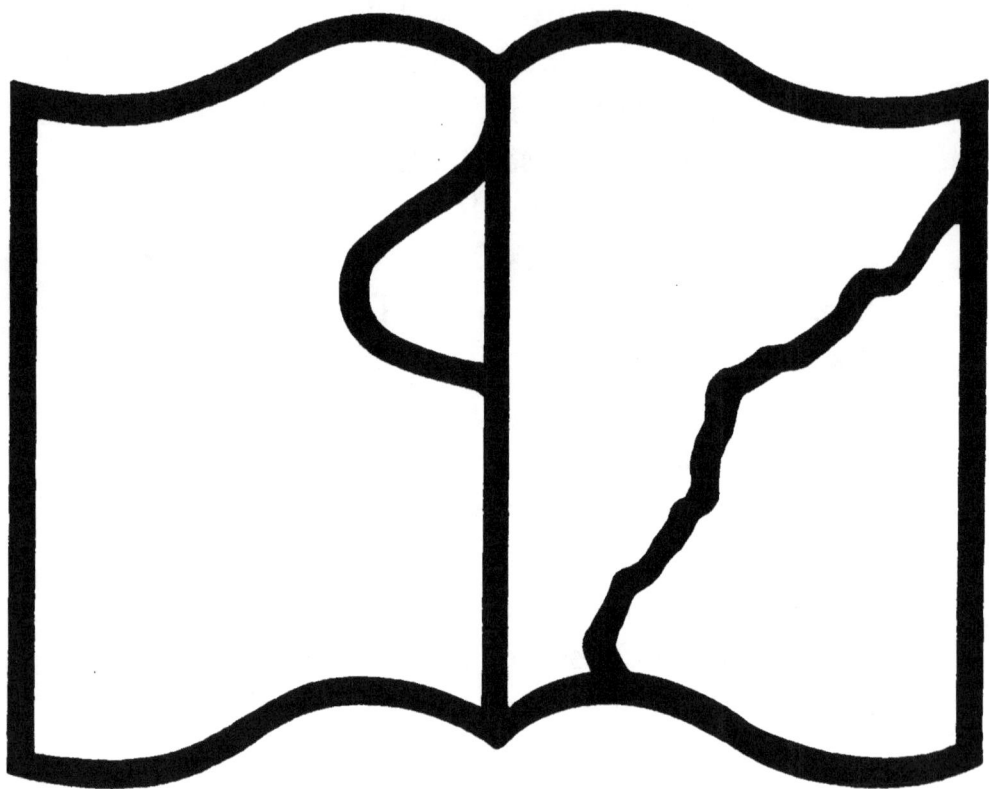

Texte détérioré — reliure défectueuse

NF Z 43-120-11

joux, monnaies ; tout, en un mot, ce qui a pu résister à l'action dévorante des cendres enflammées. Nous avons vu jusqu'à du pain, des olives, de l'huile qui, se trouvant dans des bocaux, ont été conservés. A mesure qu'on découvre quelque meuble, on le porte au musée de Naples. Il est à regretter qu'on soit obligé de prendre cette précaution pour soustraire de telles raretés à la rapacité des curieux peu délicats; il serait bien plus aimable de les voir dans les maisons à l'usage desquelles elles étaient destinées. Armand avait là-dessus conçu le projet de donner un grand dîner aux antiquaires. On aurait mangé sur les tables de pierre assez communes à Pompeï, assis sur des siéges antiques ou sur des tronçons de colonnes (car on ne peut se flatter de retrouver de *triclinium* sain et sauf). Les mets auraient été préparés par les savans eux-mêmes sur les indications éparses çà et là dans les auteurs, avec défense de se disputer sur le sens des mots : en cas de controverse, au lieu d'écrire une dissertation, on aurait exécuté le ragoût ou la sauce suivant son idée, et le meilleur aurait prouvé le sens du passage en litige. Toute la batterie de cuisine de Pompeï devait servir au festin, et l'on aurait,

après les libations préliminaire.   ∟
les amphores, vu le petit nombre   .s verres
qu'on a retrouvés.

Cette idée burlesque égaya beaucoup notre
course à travers les rues désertes de la ville
antique : pour sentir ce qu'elle avait de piquant , il faut avoir vécu avec des antiquaires
de profession : gens qui n'ont d'amour que
pour les choses passées il y a deux mille ans,
ignorant le présent qu'ils méprisent, et qui
sur un vieux clou s'extasient et se pâment : s'ils
sont deux à l'admirer , vous êtes sûr qu'avant
un quart d'heure ils se jettent au nez des passages grecs, latins, phéniciens, syriaques etc.,
puis, qu'ils s'arrachent les cheveux.

—Il est bien étonnant. interrompit Emile,
qu'on n'ait trouvé aucune marque de chris
tianisme ! Que les temples des idoles so ent
debout, que les édifices publics et particuliers
annoncent des coutumes païennes, rien de
plus naturel, puisque l'idolàtrie régnait encore
alors sans contraste, mais il est difficile de
croire qu'il n'y eût pas à Pompeï des sectateurs
du Christ. Depuis vingt ans environ la doctrine chrétienne s'était répandue à Rome,
elle était connue, embrassée par beaucoup
d'individus de toutes les classes, comme le té-

...me Pline dont nous lisions la lettre i , a qu'un instant. Or supposer que ces chrétiens n'eussent aucune marque, aucun symbole de leur culte, c'est ce qu'on ne pourrait faire que très gratuitement.

ARMAND.

On nous a dit que la plupart des citoyens de Pompeï avaient eu le temps de s'enfuir avec leurs objets les plus précieux ; et en effet, on n'a jusqu'à présent retrouvé que trois cadavres. Il est naturel de penser que, fuyant comme les autres, les chrétiens n'auront pas oublié des choses si chères à leur foi, si nécessaires à leur douleur.

FÉLIX.

Et puis, on n'a découvert encore que le tiers de la ville : qui sait ce que nous doivent révéler les deux autres parties?

ÉMILE.

J'aimerais que quelque signe de la foi naissante vînt consoler du hideux spectacle que

la corruption d'un peuple pourri étale à chaque instant aux yeux. Quand le libertinage
en est venu au point de ne plus rien respec-
ter, quand la pudeur publique a disparu, et
qu'on peut, sans étonner personne, être ob-
scène et ordurier, la société est dissoute. Sa
constitution extérieure lui donnera quelque
temps encore l'apparence de la vie, puis avec
fracas elle s'anéantira.

FÉLIX.

Heureusement encore a-t-on caché ce qu'on
a pu de ces peintures dégoûtantes, et le gouvernement ne permet de les découvrir qu'aux
artistes.

ARMAND.

Fort bonne précaution, si les gardiens
avaient les mains et la conscience à l'épreuve
d'un ducat !

Ici le guide nous fit observer un joli temple
d'Isis, qui se trouve assez près du grand théâtre. Ce qu'il y a de plus remarquable dans ce
petit sanctuaire païen, c'est un petit cabinet
souterrain, communiquant par un escalier
étroit à l'autel de la déesse. Un des prêtres du

temple se cachait là-dedans et faisait des ora-
cles tant qu'en voulaient les dévots d'Isis. Ils
ne se doutaient pas ces messieurs, qu'après
deux mille ans leur supercherie serait mise à
nu et ferait rire l'un après l'autre tous les
voyageurs. Pauvre espèce humaine, comme
on se moque de toi, quand, abandonnée à ta
raison, tu n'as pas, pour guider ses pas chan-
celans, les lumières de la révélation !

La grotte de Pausylippe est une longue caverne qui traverse de part en part une montagne. Les voitures y circulent à leur aise, éclai-
rées par les lampes suspendues à la voûte. Cet
ouvrage des Romains a été dans des temps assez modernes rendu plus beau et surtout plus
commode. Nous y passâmes pour nous rendre
à Puzzuoli que nous prîmes pour point de départ d'une charmante promenade. Toute la
côte est là couverte de ruines de temples, de
palais, de bains, de portiques : c'était le rendez-vous des grands de Rome. Là, on oubliait
les affaires, et pour tout dire, il faut ajouter,
on oubliait qu'on était homme ! —De tant de
luxe, de tant de conquêtes sur une nature re-
belle, de tant de plaisirs, de tant de crimes,
qu'est-il resté? Des décombres et des souvenirs incertains.

Sur un rocher élevé presque à pic au-dessus de la mer serpente un sentier assez commode; il conduit à deux petites grottes fort ordinaires qu'on dit avoir fait partie des bains de Néron. L'une d'elles donne entrée à une voûte longue, basse et étroite, qui descend rapidement jusqu'à une source d'eau bouillante. Un homme, qui se tient là pour attendre les voyageurs, se dépouilla de ses vêtemens, prit trois œufs dans un panier, un seau de bois, une torche de résine, et s'élança en courant sous la voûte. Émile voulut le suivre; mais au bout d'une trentaine de pas, force lui fut de retourner sur ses pas: une vapeur brûlante l'étouffait et ses habits se mouillaient sensiblement. Bientôt l'homme reparut, couvert de vapeur d'eau et de sueur, haletant, les yeux hors de la tête; dans le seau il avait puisé de l'eau de la source, puis y avait jeté les œufs que nous mangeâmes à la coque sur le lieu même.

— Vous vouliez venir avec moi, monsieur? Il fallait le dire; je vous aurais averti de vous déshabiller. C'est tout au plus si on y peut tenir quelques instans sans vêtemens; et encore je ne fais pas ce métier-là tous les jours. Nous sommes deux; nous nous relayons.

— Est-ce que vous trouvez beaucoup d'a-
mateurs?

Quelques-uns, surtout des Anglais ; j'ai
même eu l'honneur d'accompagner une dame
anglaise qui a mis elle-même les œufs dans le
seau.

— Oh, parbleu!.... vous riez !

— Non., monsieur, je vous assure.

— Eh bien, mon ami, quand vous racon-
terez à des Anglais cette belle prouesse de
leur compatriote, ajoutez qu'une Française,
je ne dis pas une *dame*, mais une femme moins
respectable, rougirait toute sa vie d'avoir
donné une si belle preuve de son courage.

Il est fâcheux pour les arts que l'on ne
trouve plus de traces des moyens employés
pour diriger cette eau ou plutôt sa vapeur dans
les différentes étuves qui, selon l'usage des
Romains, faisaient passer le baigneur par divers degrés de chaleur.

Un monument mieux conservé de la puissance romaine est la *Piscina mirabilis*, immense citerne soutenue par une forêt de piliers élevés et revêtus d'un enduit plus dur que
le marbre. L'eau y venait de plus de vingt
milles, conduite par un acqueduc dont on a
retrouvé toute la ligne. Ce prodigieux monu-

ment fut construit par Agrippa, lorsqu'il fit
stationner sa flotte près de là sous le promon-
toire de Misène. On y descend par un escalier pratiqué pour la commodité des curieux.

Nous vîmes encore près de là les *Centum
Cellæ* qu'on prétend avoir servi de prison aux
victimes de la cruauté de Néron. La tradition veut qu'il y ait cent galeries l'une au-
dessous de l'autre : nous n'en avons parcouru
que deux, le reste, dit-on, n'étant pas encore découvert. Si c'étaient là des prisons,
comme tout porte à le croire, il faut avouer
qu'elles étaient dignes d'un monstre tel que
Néron. Nous nous consolâmes de ces pensées
tristes en visitant à notre retour vers Puzzuoli
l'amphithéâtre où saint Janvier reçut le martyre, puis en mangeant d'excellent poisson,
qu'une longue course nous rendit meilleur encore. . . . .

. . . .

Nous pardonnez-vous, cher lecteur, de
vous avoir ainsi sans façon fait assister à quelques épisodes de notre voyage ? Le désir de
vous distraire quelques momens nous a fait
écrire rapidement ces pages au milieu de bien
d'autres occupations : et, s'il faut le dire,
nous avons trouvé une grande joie à nous re-

porter à des jours. embellis par l'amitié. La
petite société est dissoute, les trois amis vi-
vent séparés, et qui sait si Dieu permettra
qu'ils se réunissent jamais? Que sa sainte vo-
lonté soit faite et bénie! Félix a été honoré
du sacerdoce que depuis long-temps il désirait et redoutait tout ensemble. Armand s'est
marié pour plaire à sa famille. Emile..... que
vous en dire? On ne sait ce qu'il est devenu.
Si quelqu'un s'intéressait à son sort, peut-être
serait-il possible de découvrir sa trace ; mais
qui sait? La recherche pourrait être longue,
et alors..... gare un autre volume !!

FIN.

EXTRAIT

DES

Statuts de la Société des Bons Livres.

— •◦•• —

L'objet de la Société est de faire imprimer et réimprimer des bons livres, d'en opérer la distribution à bas prix.

Le fonds capital de la Société est formé au moyen de Souscriptions ouvertes dans les divers départemens du Royaume.

Le prix de chaque Souscription est de 20 francs par an.

Chaque Souscripteur recevra, dans le cours de l'année, 10 ouvrages *en triple exemplaire* : ces ouvrages donneront au moins 300 feuilles, 7200 pages, format in-12, ou 340 feuilles, 8660 pages, format in-18.

On souscrit à Paris, rue des Saints-Pères, n° 69.

On s'abonne aussi chez les principaux libraires des départemens, et chez tous les directeurs de poste.

———

Les Souscriptions, pour la dixième année, datent du premier septembre 1833. Les personnes qui désireraient les collections des années précédentes, ou de l'une d'elles seulement, les recevront sur leurs demandes, et à raison de 20 fr. par collection.

On peut aussi demander des volumes séparés.

On *doit* envoyer les lettres et paquets *francs de port* à l'Administrateur, rue des Saints-Pères, n° 69, à Paris.

———

IMPRIMERIE DE VEUVE THIAU, PLACE SORBONNE, 2.